GURME SARMA SANATI

Wrap Oyununuzu Geliştirecek 100 Yaratıcı Tarif

Nisanur Utku

Telif Hakkı Malzemesi ©2023

Her hakkı saklıdır

Bu kitabın hiçbir bölümü, incelemede kullanılan kısa alıntılar dışında, yayıncının ve telif hakkı sahibinin uygun yazılı izni olmadan, hiçbir şekilde veya yöntemle kullanılamaz veya aktarılamaz. Bu kitap tıbbi, hukuki veya diğer profesyonel tavsiyelerin yerine geçmemelidir.

İÇİNDEKİLER

İÇİNDEKİLER 3
GİRİİŞ 6
CHIMICHANGAS 7
   1. Sığır eti chimichangaları 8
   2. Hava Fritözü Tavuk Chimichangas 10
   3. Fırında tavuk chimichangaları 12
   4. Türkiye chimichangaları 14
   5. Domuz eti chimichangaları 16
   6. Meyve püreli tatlı hominy chimichangalar 18
GYROS VE ŞAVARMA 20
   7. Vegan Şavurma 21
   8. Tavuk Şavurma 23
   9. Shawarma Ganam (Lübnan) 25
   10. Hannukah Kuzu Şawarma 27
   11. Yunan Hindi Köfte Dönerleri 30
   12. Kuzu Dönerleri 33
   13. Portabella Mantarlı Döner 35
   1. Sous Vide Dana Dönerleri 37
   14. Tzatziki Soslu Waffle Gyro 39
   15. Gyros Caprese 42
PİRİNÇ KAĞIT RULOLARI 44
   16. Tofu Fıstık Soslu Gökkuşağı Ruloları 45
   17. Misket Limonu ve Soya ile Ton Balığı Böreği 47
   18. Çin Siyah Fasulye Soslu Somon Rulo 49
   19. Karidesli Pirinç Kağıdı Ruloları 52
   20. Sashimi Sebze Ruloları 55
   21. Füme Tavuklu Pirinç Kağıdı Ruloları 57
   22. Tavuklu Yaz Böreği 59
   23. Mangolu Tavuklu Pirinç Kağıdı Ruloları 61
   24. Hoisin Hindi Pirinç Kağıdı Ruloları 64
   25. Fıstık Soslu Hindi Ruloları 66
   26. Pekin Ördeği Pirinç Kağıdı Ruloları 69
   27. Pirinç Kağıdına Sarılmış Mangalda Dana Salatası .. 71
   28. Demirhindi Soslu Dana ve Kinoa Ruloları 74
   29. Limonlu Sığır Eti Pirinç Kağıdı Ruloları 77
   30. Sığır Bulgogi Böreği 80
   31. Satay Sığır Eti Pirinç Kağıdı Ruloları 83
BURITO SARMALARI 85
   32. Tavuklu keçi peynirli burrito 86
   33. Tavuklu pilavlı burrito 88

34. Çin burritoları 90
35. Tavuk ve Ananaslı Burrito 92
36. Tavuk Burrito Tavası 94
37. Ördek börek 96
38. Öğütülmüş hindili burrito 99
39. Mini çeşit sebzeli börek 101
40. Fasulye ve tvp burritoları 104
41. Fasulyeli börek güveci 107
42. Salsa mexicanalı fasulyeli burrito 109
43. Siyah fasulye ve papaya burritoları 111
44. Burrito rancherosu 114
45. Kişniş (kişnişli börek) 117
46. Akdeniz Burrito 119
47. Mikrodalga siyah fasulyeli burrito 121
48. Siyah Fasulye ve Mısır Burritoları 124
49. Kırmızı Fasulyeli Burrito 126
50. Burrito ısırıkları 128
51. İspanyol Burritoları 130
52. Tatlı Patates ve Yumurtalı Burrito 132
53. Fasulye ve mısır burritoları 135
54. Fiesta fasulyeli börek 137
55. Sıcak yufka burritoları 139
56. Jiffy Meksika burritoları 141
57. Matzo börek güveç 143
58. Yabani mantarlı burrito 145
59. Güveçte burrito 147
60. Sığır eti ve peynirli burrito 149
61. Sığır eti ve portakallı burrito 151
62. Lahana Burritoları 153
63. Avokado soslu yan biftek burrito 155
64. Kıyılmış sığır eti ile yeşil Şili böreği 158
65. Yeşil Şili füme döş burritoları 160
66. Kamp Burritoları 162
67. Kulüp börek 164
68. Kıyılmış domuz eti ile fırında çıtır burrito 166
69. Baharatlı burrito bonanza 168
70. Tayland usulü domuz burritosu 170
71. Elma şarabı tereyağı soslu elmalı burrito 172
72. Muzlu börek 175
73. Meyve Kahvaltılı Burrito 177
74. Izgara yayın balığı börek 179
75. Çıtır Tilapia Balıklı Burrito 181

76. Kayısılı burrito 184
77. Bebek fasulyeli burrito 186
78. Muzlu börek 188
79. Fasulye ve pirinçli burrito 190
80. Fasulye ve tvp burritoları 192
81. Kirazlı burrito 194
82. Balkabagi börek 196
83. Kişniş 198
84. Mısırlı ve pirinçli burrito 200
85. Fiesta fasulyeli börek 202
86. Dondurucu burritoları 204
87. Jiffy Meksika burritoları 206
88. Matzo börek güveç 208
89. Mikrodalga fasulyeli burrito 210
90. Karışık sebzeli börek 212
91. Mojo siyah fasulyeli burrito 214
92. Neato burrito 216
93. Pepita sebzeli burrito 218
94. Yabani mantarlı burrito 220
95. Vejetaryen burrito grande 222
96. Siyah Fasulyeli Burrito 224
97. Tofu börek 226
98. Çıtır sebzeli börek haydutları 228
99. Sebze Salatalı Burrito 230
100. Baharatlı Biberli Burrito 232

ÇÖZÜM 234

GİRİİŞ

Sizi sarma dünyasında bir yolculuğa çıkaracak bir mutfak macerası olan Gurme Sarma Sanatı'na hoş geldiniz. Çok yönlülüğü ve sonsuz yaratıcılık potansiyeliyle dürümler, mutfak dünyamızın sevilen bir parçası haline geldi. Bu yemek kitabında sizi, 100 yaratıcı tariften oluşan özel bir koleksiyonla sarma oyununuzu bir üst seviyeye taşımaya davet ediyoruz.

Gurme ambalajlar arasındaki yolculuğumuz, sizi sansasyonel ambalaj kreasyonları oluşturmak için farklı malzemeleri, tatları ve dokuları birleştirme sanatıyla tanıştıracak. İster deneyimli bir ev aşçısı olun ister mutfak araştırmalarınıza yeni başlıyor olun, bu kitap sadece lezzetli değil, aynı zamanda göz ziyafeti olan dürüm yapma sanatında ustalaşmanız için rehberiniz olacaktır.

Bu leziz maceraya atılırken, her zevke ve beslenme tercihine hitap eden dürüm yapımının ardındaki sırları keşfedeceksiniz. Klasik kombinasyonlardan yaratıcı ve benzersiz kreasyonlara kadar bu tarifler, kendi mutfağınızda bir sarma ustası olmanız için size ilham verecek. O halde haydi kollarımızı sıvayalım ve kendimizi "Gurme Sarma Sanatı"na kaptıralım.

CHIMICHANGAS

1.Sığır eti chimichangaları

yapar: 6 porsiyon

İÇİNDEKİLER:
- 1 pound Kıyma, kızartılmış ve süzülmüş
- 1 orta boy soğan, doğranmış
- ½ bardak Kırmızı şili sosu veya enchilada sosu
- 12 Un ekmeği
- kızartmalık yağ
- 2 su bardağı kaşar peyniri
- 2 su bardağı rendelenmiş marul
- 2 su bardağı kıyılmış yeşil soğan

TALİMATLAR:
a) Büyük bir tavada eti kızartın ve süzün. Soğan ve şili veya enchilada sosunu ekleyin.
b) Her tortillanın ortasına yaklaşık 3 yemek kaşığı et dolgusu koyun.
c) Tortillayı katlayın, uçlarını sıkıştırın ve tahta kürdanlarla sabitleyin.
d) Tortilla sosun içindeki sıvıyı emeceğinden aynı anda yalnızca 2 veya 3 tane toplayın.
e) Büyük bir kızartma tavasında, orta ateşte 1 inç yağ ile, katlanmış tortillayı yaklaşık 1 ila 2 dakika altın rengi olana kadar kızartın.
f) Kağıt havluların üzerine boşaltın ve sıcak tutun. Peynir, marul ve soğanla süsleyin.

2. Hava Fritözü Tavuk Chimichangas

Yapım: 4

İÇİNDEKİLER:
- 6 ekmeği
- 1 Yemek Kaşığı Taco Baharatı
- 2 lbs. Tavuk, pişmiş ve doğranmış
- 2 Su Bardağı Meksika Karışımı Peynir
- 8 ons Krem Peynir, yumuşatılmış
- 1 Yemek Kaşığı Zeytinyağı

TALİMATLAR:
a)   Hava fritözünü 360 dereceye kadar önceden ısıtarak hazır hale getirin.
b)   Tavuk, krem peynir, rendelenmiş peynir ve baharatları birleştirin ve ardından her tortillanın ortasına yayın.
c)   Chimichanga'yı katlayın ve her tarafına zeytinyağı püskürtün.
d)   Hava fritözü sepetine yerleştirin ve yarıya kadar çevirerek 8 dakika boyunca havayla kızartın.
e)   Guacamole veya ekşi krema ile servis yapın.

3. Fırında Tavuk Chimichangas

yapar: 6 porsiyon

İÇİNDEKİLER:
- 2½ bardak Tavuk; pişmiş, doğranmış
- 2 yemek kaşığı Zeytinyağı
- ½ bardak Soğan; doğranmış
- 2 Sarımsak; karanfil, kıyılmış
- ½ yemek kaşığı biber salçası
- 16 ons Salsa (sıcaklık seçimi)
- ½ çay kaşığı Kimyon; öğütülmüş ekşi krema
- ½ çay kaşığı Tarçın
- \N tutam Tuz;(gerekirse)
- 6 10 inçlik un ekmeği güzel esnek olanlar. Sertse doldurmadan önce ısıtın
- 1 su bardağı haşlanmış fasulye
- Zeytinyağı (temel için) Guacamole

TALİMATLAR:
a) Büyük bir tencerede soğanı ve sarımsağı yağda yumuşayana kadar soteleyin. Biber tozu, salsa, kimyon ve tarçını karıştırın. Kıyılmış tavukları karıştırın. Soğumaya bırakın.

b) Fırını 450'ye ısıtın. Kenarlı 15 x 10 x 1 fırın tepsisini yağlayın. Her seferinde bir tortilla ile çalışarak, her tortillanın ortasına bir çorba kaşığı fasulye koyun. Üzerine az miktarda ½ bardak tavuk karışımını ekleyin. Tortillanın altını, üstünü ve yanlarını katlayın; Gerekirse tahta kürdanlarla sabitleyin. Chimichangas'ı yağlanmış fırın tepsisine, dikiş tarafı aşağı bakacak şekilde yerleştirin. Her tarafını yağla fırçalayın.

c) Her 5 dakikada bir çevirerek 20 ila 25 dakika veya altın rengi kahverengi ve gevrek oluncaya kadar pişirin.

4.Türkiye chimichangaları

yapar: 8 porsiyon

İÇİNDEKİLER:
- 1½ pound Öğütülmüş hindi
- 1 paket Taco baharat karışımı (1-1/4oz)
- ½ bardak Su
- 1 Kap Yağsız Ekşi Krema
- 8 Un ekmeği (8 inç)
- 1 bardak salsa

TALİMATLAR:
a) Kahverengi hindi; boşaltmak. Baharat karışımını ve suyu ilave edip karıştırın. Kaynatın. Isıyı en aza indirin; ara sıra karıştırarak 5 dakika pişirin.
b) Ateşten alın; 1 bardak ekşi kremayı karıştırın.
c) Her tortillanın ortasına ⅓ fincan hindi karışımını yerleştirin. Yanları katlayın ve dolguyu kapatmak için yuvarlayın.
d) Büyük yapışmaz tavayı orta-yüksek ateşte ısıtın. Yapışmaz pişirme spreyi ile püskürtün. Her iki tarafta kahverengi 4 chimichanga. İlave pişirme spreyi ve kalan chimichangas ile tekrarlayın. Kalan ekşi krema ve salsa ile servis yapın.

5.Domuz eti chimichangaları

Yapım: 3 porsiyon

İÇİNDEKİLER:
- 2½ bardak kıyılmış pişmiş domuz eti
- ⅔ bardak Picante sosu
- ⅓ bardak Yeşil soğan dilimleri
- 1 çay kaşığı öğütülmüş kimyon
- ½ çay kaşığı Ezilmiş kekik
- ½ çay kaşığı Tuz
- 8 Un ekmeği, 7 ila 8 inç
- ¼ su bardağı eritilmiş margarin
- 1 su bardağı kaşar peyniri, rendelenmiş

TALİMATLAR:
a) Bir tencerede domuz eti, picante sosu, soğan, kimyon, kekik ve tuzu birleştirin. 5 dakika veya sıvının çoğu buharlaşana kadar pişirin. Tortillaların bir tarafını tereyağıyla yağlayın.

b) Tereyağsız tarafların ortasına yaklaşık ⅓ bardak domuz eti karışımını kaşıkla dökün.

c) Üzerine 2 yemek kaşığı peynir serpin. 2 tarafını dolgunun üzerine katlayın ve uçları aşağı doğru katlayın.

d) Dikiş tarafı aşağı bakacak şekilde 9x13 inçlik bir pişirme kabına yerleştirin. 475 derecede yaklaşık 13 dakika veya gevrekleşene kadar pişirin. Servis etmek için üzerine guacamole ve ilave picante sosu ekleyin.

6. Meyve püreli tatlı hominy chimichangas

yapar: 6 porsiyon

İÇİNDEKİLER:
- 2 bardak Beyaz hominy (yaklaşık 29 onsluk bir kutu); süzülmüş
- 4 çay kaşığı Şekerleme şekeri
- 2 yemek kaşığı Ağır (kırbaçlanan) krema
- 1 litre Olgun çilek; kabuklu (1 sepet)
- 2 adet olgun mango
- 4 yemek kaşığı Tereyağı
- 2 yemek kaşığı Koyu esmer şeker
- 6 Un ekmeği

TALİMATLAR:
a) Bir mutfak robotunda, blenderde veya öğütücüde hominiyi püre haline getirin.
b) Şekerlemelerin şekerini ve kremasını karıştırın. Unlu tortillanın ortasına yaklaşık ⅓ fincan hominli karışım koyun. Zarf stilini katlayın.
c) Mutfak robotunu veya başka bir makineyi yıkayın ve çilekleri püre haline getirin. Makineyi tekrar temizleyin.
d) Mangoları soyun; posayı çukurlardan çıkarın. Hamuru püre haline getirin.
e) Servis etmeye hazır olduğunuzda, orta ateşte ayarlanmış büyük bir tavada 2 yemek kaşığı tereyağını 1 yemek kaşığı esmer şekerle eritin.
f) Tereyağı köpürene ve şeker eriyene kadar ısıtın, karıştırarak karıştırın. Tavanın boyutuna göre içi doldurulmuş tortillalardan 2 veya 3 adet ekleyin ve 1 dakika kızartın. Diğer tarafı altın rengi ve hafif gevrek olana kadar yaklaşık 1 dakika daha çevirin ve kızartın. Bir tabağa çıkarın.
g) Kalan 2 yemek kaşığı tereyağını ve 1 yemek kaşığı esmer şekeri ısıtın.
h) Tüm chimichangalar bitene kadar pişirmeye devam edin.
i) Her chimichanga'nın bir ucuna kaşıkla çilek püresi dökün; mango püresini diğerinin üzerine kaşıkla. Hala sıcak ve çıtır çıtırken yiyin.

GYROS VE ŞAVARMA

7. Vegan Şavurma

İÇİNDEKİLER:

- 1/3 su bardağı (55g) Konserve Nohut
- 2 Yemek Kaşığı Besin Mayası
- Baharat
- 1 Yemek Kaşığı Soya Sosu
- 1/4 su bardağı (65g) Domates Salçası
- 1/3 bardak (80ml) Sebze Suyu
- 1 çay kaşığı Dijon Hardalı
- 1/8 çay kaşığı Sıvı Duman
- 1 su bardağı (150g) Vital Buğday Gluteni
- Turşusu
- 6 Sarma
- Kıyılmış marul

TALİMATLAR:

a) Nohut, besin mayası, baharatlar, soya sosu, domates salçası, kırmızı biber, sebze suyu, Dijon hardalı ve sıvı dumanı mutfak robotuna ekleyin ve iyice karışana kadar işleyin.

b) Hayati önem taşıyan buğday glutenini ekleyin. Çalışma yüzeyinde düzleştirin ve büyük bir biftek şekline getirin. Buhar

c) Marine edip karıştırın ve seitan şeritlerinin üzerine dökün. Seitanı turşuda kızartın,

d) Pide ekmeğine veya sarmaya biraz baharatlı humus sürün. Kıyılmış marul, dilimlenmiş salatalık ve domatesi bir ambalaja ekleyin, üzerine birkaç seitan şeridi koyun ve bir parça vegan tzatziki ile tamamlayın.

8. Tavuk Çevirme

Yapım: 4

İÇİNDEKİLER:
- 1 pound kemiksiz derisiz tavuk göğsü, küp şeklinde
- ¼ fincan yağsız sade Yunan yoğurdu
- 2 yemek kaşığı zeytinyağı
- 1 çay kaşığı kurutulmuş kekik
- 1 çay kaşığı öğütülmüş kimyon
- 1 çay kaşığı öğütülmüş tarçın
- 1 çay kaşığı tuz
- ¼ çay kaşığı öğütülmüş zerdeçal
- ¼ çay kaşığı karabiber
- Servis için pirinç (isteğe bağlı)
- Servis için Yunan salatası (isteğe bağlı)
- Servis için Tzatziki sosu (isteğe bağlı)

TALİMATLAR:
a) Hava fritözünü 380°F'ye önceden ısıtın.
b) Büyük bir kapta tüm malzemeleri birleştirin ve tavuk iyice kaplanana kadar karıştırın.
c) Tavuk karışımını fritöz sepetine eşit bir tabaka halinde yayın ve 10 dakika pişirin. Tavuk karışımını karıştırın ve 5 dakika daha pişirin.
d) Pirinç, Yunan salatası ve cacık sosuyla servis yapın.

9.Shawarma Ganam (Lübnan)

İÇİNDEKİLER:
- Omuzdan 1-3/4 pound kuzu eti, ince dilimlenmiş (yaklaşık 3 bardak)
- 2 orta boy soğan, ince dilimlenmiş
- 1 limonun suyu veya tadı
- 4 yemek kaşığı sızma zeytinyağı
- 1/2 çay kaşığı öğütülmüş tarçın
- 1/2 çay kaşığı öğütülmüş yenibahar
- Birkaç dal taze kekik, yaprak
- Tuz
- Taze çekilmiş karabiber
- Sotelemek için 2-4 yemek kaşığı zeytinyağı

SANDVİÇLER İÇİN
- Yaklaşık 8 inç çapında 2-3 yuvarlak pide veya 4-6 oval pide
- 4-6 küçük domates, ince dilimlenmiş
- 1/2 orta boy kırmızı soğan, çok ince dilimlenmiş
- 4-6 kornişon, uzunlamasına ince dilimlenmiş
- 1/2 çay kaşığı ince kıyılmış nane
- 1/2 çay kaşığı ince kıyılmış düz yapraklı maydanoz
- Tadına göre tahin sosu

TALİMATLAR:
a) Eti geniş bir karıştırma kabına alıp soğanı, limon suyunu, zeytinyağını, baharatları, kekiği, tuzu ve karabiberi ekleyin. İyice karıştırın, ardından ara sıra karıştırarak buzdolabında iki ila dört saat marine etmeye bırakın.
b) Büyük bir tavayı orta-yüksek ateşte yerleştirin. Çok sıcak olduğunda eti ekleyin ve birkaç dakika veya istediğiniz kıvama gelinceye kadar soteleyin.
c) Yuvarlak pide ekmekleri kullanıyorsanız, dört ila altı ayrı daire elde etmek için bunları dikiş yerlerinden yırtarak açın. Her ekmeğin ortasına eşit miktarda et yerleştirin.
d) Eşit miktarda domates, soğan, kornişon ve otlarla süsleyin ve üzerine istediğiniz kadar tahin sosu gezdirin. Her sandviçi oldukça sıkı bir şekilde yuvarlayın. Sandviçlerin alt yarısını kağıt peçeteyle sarın ve hemen servis yapın.
e) Oval pide kullanıyorsanız, geniş bir cep oluşturacak şekilde dikiş yerini açın. Alt yarısına tahin sosunu sürün ve her ekmeği eşit miktarda sandviç malzemesiyle doldurun. Derhal servis yapın.

10. Hannukah Kuzu shawarma

Yapım: 8

İÇİNDEKİLER:
- 2 çay kaşığı karabiber
- 5 bütün karanfil
- ½ çay kaşığı kakule baklası
- ¼ çay kaşığı çemen otu tohumu
- 1 çay kaşığı rezene tohumu
- 1 yemek kaşığı kimyon tohumu
- 1 yıldız anason
- ½ tarçın çubuğu
- ½ bütün hindistan cevizi, rendelenmiş
- ¼ çay kaşığı öğütülmüş zencefil
- 1 yemek kaşığı tatlı kırmızı biber
- 1 yemek kaşığı sumak
- 2½ çay kaşığı Maldon deniz tuzu
- 1 oz / 25 gr taze zencefil, rendelenmiş
- 3 diş sarımsak, ezilmiş
- ⅔ bardak / 40 gr doğranmış kişniş, sapları ve yaprakları
- ¼ bardak / 60 ml taze sıkılmış limon suyu
- ½ su bardağı / 120 ml fıstık yağı
- 1 kemikli kuzu budu, yaklaşık 5½ ila 6½ lb / 2,5 ila 3 kg
- 1 su bardağı / 240 ml kaynar su

TALİMATLAR:
a) İlk 8 malzemeyi bir dökme demir tavaya koyun ve baharatlar patlamaya ve aromalarını salmaya başlayana kadar orta-yüksek ateşte bir veya iki dakika kuru kavurun.
b) Onları yakmamaya dikkat edin. Küçük hindistan cevizi, zencefil ve kırmızı biberi ekleyin, ısıtmak için birkaç saniye daha karıştırın, ardından baharat öğütücüye aktarın. Baharatları homojen bir toz haline gelinceye kadar işleyin. Orta boy bir kaseye aktarın ve kuzu hariç kalan tüm malzemeleri karıştırın.
c) Küçük, keskin bir bıçak kullanarak kuzu budunda birkaç yerden çizik atın, yağın ve etin içinden 1,5 cm derinliğinde yarıklar açarak marinanın içeri sızmasını sağlayın.
d) Büyük bir kızartma tavasına koyun ve turşuyu kuzunun her tarafına sürün; ete iyice masaj yapmak için ellerinizi kullanın. Tavayı alüminyum

folyo ile örtün ve en az birkaç saat bir kenara bırakın veya tercihen gece boyunca soğutun.

e) Fırını önceden 325°F / 170°C'ye ısıtın.

f) Kuzuyu yağlı tarafı yukarı bakacak şekilde fırına koyun ve et tamamen yumuşayana kadar toplamda yaklaşık 4½ saat kızartın. 30 dakika kavurduktan sonra kaynar suyu tavaya ekleyin ve bu sıvıyı her saat başı eti yağlamak için kullanın. Gerektikçe daha fazla su ekleyin ve tavanın tabanında her zaman yaklaşık 0,5 cm/¼ inç kaldığından emin olun. Son 3 saat boyunca baharatların yanmasını önlemek için kuzu etinin üzerini folyo ile örtün. İşlem tamamlandıktan sonra kuzu eti fırından çıkarın ve dilimleyip servis etmeden önce 10 dakika dinlenmeye bırakın.

g) Bize göre bunu sunmanın en iyi yolu, İsrail'in en ünlü shakshuka restoranından ilham almaktır (TARİFİ GÖR), Yafa'daki Dr Shakshuka, Bino Gabso'ya ait. Altı ayrı pide cebi alın ve ⅔ su bardağı / 120 gr doğranmış konserve domates, 2 çay kaşığı / 20 gr harissa salçası, 4 çay kaşığı / 20 gr domates salçası, 1 yemek kaşığı zeytinyağı ve biraz tuz ile karıştırılarak hazırlanan bir harçla içlerini bolca fırçalayın. ve biber. Kuzu hazır olduğunda pideleri sıcak ızgaralı bir tavada her iki tarafında güzel yanık izleri oluşana kadar ısıtın. Sıcak kuzuyu dilimleyin ve dilimleri ⅔ inç / 1,5 cm'lik şeritler halinde kesin. Bunları her sıcak pidenin üzerine üst üste koyun, tavadaki kavurma sıvısından bir kısmını azaltın ve doğranmış soğan, kıyılmış maydanoz ve bir tutam sumak ile tamamlayın. Taze salatalık ve domatesi de unutmayın. Cennet gibi bir yemek.

11.Yunan Hindi Köfte Dönerleri

Yapım: 4

İÇİNDEKİLER:
HİNDİ KÖFTE İÇİN:
- 1 pound öğütülmüş hindi
- ¼ bardak ekmek kırıntısı
- ¼ bardak ince doğranmış soğan
- 2 diş sarımsak, kıyılmış
- 2 yemek kaşığı kıyılmış taze maydanoz
- 1 yemek kaşığı doğranmış taze dereotu
- 1 çay kaşığı öğütülmüş kimyon
- ½ çay kaşığı kurutulmuş kekik
- ½ çay kaşığı düşük sodyum tuzu
- ¼ çay kaşığı karabiber

TZATZIKI SOSU İÇİN:
- 1 bardak Yunan yoğurdu
- ½ salatalık, fazla nemi gidermek için rendelenmiş ve sıkılmış
- 1 diş sarımsak, kıyılmış
- 1 yemek kaşığı limon suyu
- 1 yemek kaşığı doğranmış taze dereotu
- Tatmak için düşük sodyumlu tuz ve karabiber

GYROS İÇİN:
- 4 pide ekmeği
- Dilimlenmiş domates
- dilimlenmiş salatalık
- Dilimlenmiş kırmızı soğan
- Ufalanmış beyaz peynir
- Süslemek için taze maydanoz

TALİMATLAR:

a) Fırını önceden 200°C'ye (400°F) ısıtın ve fırın tepsisini parşömen kağıdıyla kaplayın.
b) Hindi köftesi için geniş bir kapta tüm malzemeleri birleştirin. Tüm malzemeler eşit şekilde birleşene kadar iyice karıştırın.
c) Karışımı yaklaşık 1 inç çapında küçük köfteler haline getirin ve hazırlanan fırın tepsisine yerleştirin.
d) Köfteleri önceden ısıtılmış fırında yaklaşık 15-20 dakika veya tamamen pişip hafifçe kızarana kadar pişirin.
e) Köfteler pişerken cacık sosunu hazırlayın. Bir kasede Yunan yoğurdu, rendelenmiş salatalık, kıyılmış sarımsak, limon suyu, doğranmış dereotu, tuz ve karabiberi birleştirin. Birleştirmek için iyice karıştırın.
f) Pide ekmeğini ekmek kızartma makinesinde veya fırında ısıtın.
g) Dönerleri birleştirmek için her pide ekmeğinin üzerine bir kaşık dolusu tzatziki sosunu sürün. Üzerine birkaç köfte, ardından dilimlenmiş domates, salatalık, kırmızı soğan, ufalanmış beyaz peynir ve bir tutam taze maydanoz koyun.
h) Pide ekmeğini dolguyu kapatacak şekilde sıkıca sarın.
i) Yunan Hindi Köfte Dönerlerini hemen servis edin ve tadını çıkarın!

12.Kuzu Dönerleri

Yapar: 6 veya 7

İÇİNDEKİLER:
- 2 lb yağsız öğütülmüş kuzu
- 2 dilim ev yapımı ekmek, kızartılmış ve ezilmiş
- 1 çay kaşığı yenibahar, dövülmüş (öğütülmüş)
- 1 çay kaşığı kişniş, ezilmiş
- 1 diş sarımsak, ezilmiş
- 1 soğan, rendelenmiş
- 1 çay kaşığı taze tuzlu, doğranmış
- Tuz ve taze çekilmiş karabiber (tatmak için)
- 3 dilim pastırma
- 6 ila 8 Orta Doğu ekmeği veya herhangi bir alternatif ekmek veya rulo
- 2 domates, doğranmış veya ince dilimlenmiş, sirke ve zeytinyağı ile tatlandırılmış
- 1 su bardağı taze maydanoz, doğranmış
- 1 su bardağı sade yoğurt

TALİMATLAR:
a) Büyük bir kapta, tuz ve karabiber de dahil olmak üzere yukarıdaki malzemeleri birleştirin ve iyice yoğurun. Karışım baharatlı olmalı ama çok otlu olmamalı ve şeklini korumalıdır. Her biri göbek portakalı büyüklüğünde 5 parçaya bölün, ardından her parçayı 6 topa bölün. Yaklaşık 3/4 inç kalınlığa kadar hafifçe yoğurun ve düzleştirin.
b) Pastırma dilimlerini köftelere eşit genişlikte kesin ve her birinin üzerine bir dilim yerleştirin. Pastırma dilimlerini aralarında tutarak topları şekillendirmeye devam edin. Ortalarından bir şiş geçirin ve kenarları düzeltmek için avuç içlerinizle hafifçe yuvarlayın (boyutlarına bağlı olarak toplamda 5 veya 6 şiş ihtiyacınız olacaktır). Örtün ve gece boyunca buzdolabında saklayın.
c) Pişirmek için, bir piliç tepsisine veya ızgaraya koyun ve orta ateşte/düşük ateşte, her 5 dakikada bir çevirerek pişirin. Yüzeyi çıtır olacak ve 25 dakika içinde içi pişecektir.
d) Servis yapmak için pideyi, eti, domatesi, maydanozu ve yoğurdu ayrı tabaklara koyun. Konukların ekmeği veya ruloları açmasına izin verin ve içlerini etle doldurup, kendi zevklerine göre süsleyin.

13.Portabella Mantarlı Döner

Yapım: 2 porsiyon

İÇİNDEKİLER:

SEBZELER
- 2 adet büyük portabella mantar kapağı
- 2 yemek kaşığı vegan Worcestershire sosu
- 1 çay kaşığı öğütülmüş kimyon
- 1 çay kaşığı akçaağaç şurubu
- ½ çay kaşığı kurutulmuş kekik
- 1 yemek kaşığı hindistancevizi yağı
- ¼ bardak doğranmış kırmızı soğan
- ½ kırmızı dolmalık biber, iri doğranmış

TAZE BEYAZ SOS
- ½ bardak vegan mayonez
- ¼ bardak çiğ kabuklu kenevir tohumu
- 1 yemek kaşığı limon suyu
- ¼ çay kaşığı kuru nane
- ¼ çay kaşığı dereotu otu

MONTAJLAMA
- 2 pide gözleme
- 1 ons bebek ıspanak

TALİMATLAR:

SEBZELER

a) Mantarların saplarını çıkarın ve solungaçlarını da bir kaşıkla çıkarın. Atın. Mantarları kalın şeritler halinde dilimleyin.

b) Worcestershire sosunu, kimyonu, akçaağaç şurubunu ve kekiği orta boy bir kapta karıştırın. Mantar dilimlerini turşunun içine koyun ve 10 dakika marine etmeye bırakın.

c) Yağı büyük bir tavada orta-yüksek ateşte ısıtın. Soğanı ve dolmalık biberi ekleyip 10 dakika soteleyin. Marine edilmiş mantar dilimlerini ekleyin ve 5 dakika daha soteleyin. Ateşten alın ve soğumaya bırakın.

TAZE BEYAZ SOS

d) Taze Beyaz Sos malzemelerinin tümünü küçük bir kapta karıştırın ve bir kenara koyun.

TOPLANTI

e) Her gözleme üzerine bir kat ıspanak yaprağı koyun. Taze Beyaz Sosu orta kısmına kaşıkla dökün.

f) Üzerine mantar ve biber karışımını koyun.

g) Her bir gözleme parçasını üst üste gelecek şekilde katlayın ve dekoratif seçimlerle sabitleyin.

1. Sous Vide Dana Dönerleri

Yapım: 4

İÇİNDEKİLER:
- 1 kiloluk sığır filetosu biftek
- 2 yemek kaşığı zeytinyağı
- 2 yemek kaşığı yoğurt
- 1 salatalık, dilimlenmiş
- 2 yemek kaşığı limon suyu
- 2 yemek kaşığı tuz
- 2 yemek kaşığı karabiber
- 4 adet büyük pide

TALIMATLAR:
a) Anova'nızı 130F/54C'ye ayarlayın.
b) Eti tuz ve karabiberle ovalayın ve zeytinyağıyla birlikte vakumlu bir torbaya koyun. Torbayı kapatın ve 3 saat boyunca su banyosuna koyun.
c) Sığır eti pişerken yoğurt, salatalık ve limon suyunu birleştirin.
d) Sığır eti pişirmeyi bitirdiğinde poşetten çıkarın ve tahıllara karşı dilimleyin.
e) Her pide ekmeğinin üzerine dana etinin 1/4'ünü koyun ve üzerine yoğurt sosunu ekleyin. Hemen sarıp servis yapın.

14.Tzatziki Soslu Waffle Gyro

Yapım: 4

İÇİNDEKİLER
CACIK SOSU:
- 2 diş sarımsak, ince kıyılmış
- 16 ons sade Yunan yoğurdu
- 1 orta boy salatalık, soyulmuş, çekirdeği çıkarılmış ve ince doğranmış
- 1 yemek kaşığı sızma zeytinyağı
- 2 çay kaşığı beyaz sirke
- Bir tutam koşer tuzu

Jiroskoplar:
- 1 yemek kaşığı kurutulmuş maydanoz
- 1 çay kaşığı biber tozu
- 1 çay kaşığı öğütülmüş kişniş
- 1 çay kaşığı öğütülmüş kimyon
- 1 çay kaşığı kurutulmuş kekik
- 1 çay kaşığı kurutulmuş kekik
- ½ çay kaşığı kırmızı biber
- ½ çay kaşığı sarımsak tozu
- ½ çay kaşığı öğütülmüş tarçın
- ½ çay kaşığı tuz
- 1 pound yağsız kıyma kuzu
- Yapışmaz pişirme spreyi
- 4 pide ekmeği cebi
- 1 orta boy domates, küp şeklinde doğranmış
- 1 orta boy soğan, ince dilimlenmiş

TALIMATLAR:
SOSU YAPIN:
a) Orta boy bir kapta sarımsağın yarısını geri kalan malzemelerle birleştirin ve iyice karıştırın. İsterseniz tadın ve daha fazla sarımsak ekleyin. Jiroskopları hazırlarken sosu en az 30 dakika buzdolabında saklayın.

b) Waffle demirini orta ateşte önceden ısıtın.

GYROS'U YAPIN:
c) Büyük bir kapta maydanoz, biber tozu, kişniş, kimyon, kekik, kekik, kırmızı biber, sarımsak tozu, tarçın ve tuzu birleştirin ve ardından eti baharat karışımına ekleyin. Baharatların eşit şekilde dağılması için iyice karıştırın.

d) Baharatlı kuzuyu 4 köfte haline getirin. Waffle ızgarasının her iki tarafını yapışmaz spreyle kaplayın.

e) Waffle makinesinin üzerine bir köfte koyun, kapağı kapatın ve pembe iz kalmayıncaya kadar 4 dakika pişirin. Anında okunan bir termometre kullanıyorsanız kuzunun iç sıcaklığı 160°F'a ulaşmalıdır. Kalan köfteler için aynı işlemi tekrarlayın.

f) Kuzu köftelerin tamamı piştikten sonra pide ekmeğini waffle makinesinde 15 saniye ısıtın.

g) Isıtılmış pide ekmeğinin içini kuzu eti, domates, soğan ve cacık sosuyla doldurun. Yanında daha fazla sosla servis yapın.

15.Gyros Caprese

Yapım: 12

İÇİNDEKİLER:
- 4 pide ekmeği turu
- 1 Yemek kaşığı zeytinyağı
- 1/4 çay kaşığı İtalyan baharatı
- 1/4 su bardağı rendelenmiş parmesan peyniri
- 8 oz. mozzarella peyniri
- 2 adet büyük erik domates
- 1/2 bardak fesleğen, doğranmış
- 1/4 bardak kızarmış ceviz, doğranmış
- 1 diş sarımsak, preslenmiş
- 1/4 çay kaşığı tuz
- 2 yemek kaşığı hafif balzamik soslu salata sosu
- 4 bardak bebek yeşillikleri

TALİMATLAR:
a) Başka bir şey yapmadan önce fırınınızı 425 derece F'ye ayarlayın.
b) Pide yuvarlaklarını eşit şekilde yağla kaplayın ve üzerine İtalyan baharatını ve ardından Parmesan peynirini ekleyin.
c) Yaklaşık 8-10 dakika kadar fırında pişirin.
d) Bu arada pesto için: Bir kaseye fesleğeni, sarımsağı, cevizi ve tuzu ekleyin ve iyice birleşene kadar karıştırın.
e) Pide turtalarını fırından çıkarın ve peynirli tarafı alta gelecek şekilde tabaklara dizin.
f) Sosu her pide turtasının arkasına eşit şekilde yerleştirin.
g) Her turu 6 eşit büyüklükte takozlara kesin.
h) 12 adet pide dilimini tabağa dizin.
i) Her pide diliminin üzerine biraz yeşillik, 1 Mozzarella dilimi, pesto ve 1 domates dilimi ekleyin.
j) Her bir kamayı, peynir tarafı yukarı bakacak şekilde kalan dilimlerle örtün.
k) Her sandviçi kürdanlarla sabitleyin ve keyfini çıkarın.

PİRİNÇ KAĞIT RULOLARI

16. Tofu Fıstık Soslu Gökkuşağı Ruloları

Yapım: 4

İÇİNDEKİLER:
- 12 yuvarlak 22cm pirinç kağıdı sarmalayıcı
- 2 avokado, ince dilimlenmiş
- 24 taze kişniş dalı
- 24 büyük taze nane yaprağı
- 300 gr kırmızı lahana, ince kıyılmış
- 2 büyük havuç, kibrit çöpü şeklinde kesilmiş
- 2 Lübnan salatalığı, çekirdekleri çıkarılmış, kibrit çöpü şeklinde kesilmiş
- 100 gr fasulye filizi, doğranmış
- 3 adet yeşil arpacık, çapraz olarak ince dilimlenmiş

TOFU FISTIK SOSU:
- 150g Coles Nature's Kitchen İpek Tofu
- 70g (¼ bardak) doğal pürüzsüz fıstık ezmesi
- 2 yemek kaşığı pirinç şarabı sirkesi
- 1 yemek kaşığı Shiro miso ezmesi (beyaz miso ezmesi)
- 3 çay kaşığı bal
- 3 çay kaşığı ince rendelenmiş taze zencefil
- 2 çay kaşığı tamari
- 1 küçük diş sarımsak, ezilmiş

TALİMATLAR:
TOFU FISTIK SOSU:
a) Tofu sosu malzemelerinin tamamını blendera koyun ve pürüzsüz hale gelinceye kadar karıştırın. Bir kenara koyun.

GÖKKUŞAĞI PİRİNÇ KAĞIT RULOLARININ MONTAJI:
b) Bir pirinç kağıdı ambalajını 10-20 saniye veya yumuşamaya başlayana kadar soğuk suya batırın. Temiz bir kurulama bezi üzerine boşaltın ve çalışma yüzeyine yerleştirin.

c) Pirinç kağıdı ambalajının üzerine 2 avokado dilimi, 2 kişniş dalı, 2 nane yaprağı, bir porsiyon kırmızı lahana, havuç, salatalık, fasulye filizi ve arpacık soğanı ekleyin.

d) Pirinç kağıdı ambalajının uçlarını katlayın ve dolguyu kapatmak için sıkıca sarın.

e) Bu işlemi kalan ambalajlarla tekrarlayın.

f) Gökkuşağı pirinç kağıdı rulolarını, daldırma için yan taraftaki tofu fıstık sosuyla birlikte servis edin.

17. Misket Limonu ve Soya ile Ton Balığı Böreği

1 porsiyon

İÇİNDEKİLER:
- 1 pound sashimi dereceli ton balığı
- 1 yemek kaşığı wasabi ezmesi
- 2 yemek kaşığı kişniş yaprağı
- 2 yemek kaşığı kıyılmış maydanoz
- 8 adet yaylı rulo sarmalayıcı
- Derin kızartma için yağ
- 2 yemek kaşığı limon suyu
- 2 yemek kaşığı soya sosu

TALİMATLAR:
a) Ton balığı hazırlayarak başlayın. Yaklaşık 2 cm genişliğinde ve 10 cm uzunluğunda parçalar halinde kesin.
b) Her bir ton balığı parçasını ince bir tabaka wasabi ezmesiyle hafifçe yayın.
c) Ton balığı parçalarını kişniş yaprakları ve kıyılmış maydanoz karışımına bulayın ve eşit şekilde kaplanmasını sağlayın.
d) Hazırlanan ton balığının her bir parçasını alın ve yaylı rulo ambalajına sarın. Ambalajların uçlarını kapatmak için biraz su kullanın ve sıkıca kapatıldığından emin olun.
e) Kızartmak için derin bir tava veya tencerede yağı ısıtın.
f) Ton balıklı böreği sıcak yağda yaklaşık 30 ila 45 saniye veya hafif altın rengi ve çıtır hale gelinceye kadar dikkatlice kızartın.
g) Yaylı ruloları yağdan çıkarın ve fazla yağı boşaltmak için emici kağıt üzerine yerleştirin.
h) Küçük bir kapta limon suyunu ve soya sosunu birleştirerek dip sos oluşturun.
i) Ton balıklı börekleri limon ve soya sosuyla birlikte Asya yeşil salatasıyla birlikte servis edin.
j) Misket Limonu ve Soya ile lezzetli Ton Balıklı Çin Böreğinizin tadını çıkarın!

18.Çin Siyah Fasulye Soslu Somon Rulo

yapar: 4 porsiyon

İÇİNDEKİLER:
ÇİN SİYAH FASULYE SOSU:
- 2 yemek kaşığı kanola yağı
- 1 soğan, ince doğranmış
- 2 çay kaşığı ince kıyılmış sarımsak
- 1 yemek kaşığı soyulmuş, ince doğranmış taze zencefil
- 1 bardak şeri
- 1 kutu doğranmış domates (28 ons)
- 1 yemek kaşığı balık sosu veya tamari
- ½ bardak fermente edilmiş Çin siyah fasulyesi, durulanmış
- 3 yemek kaşığı karışık doğranmış otlar
- Tatmak için tuz
- Tatmak için taze çekilmiş karabiber

SOMON:
- 4 somon filetosu (her biri 6 ons), derisi alınmış
- Tatmak için tuz
- Tatmak için taze çekilmiş karabiber
- 4 adet dairesel pirinç kağıdı yaprağı (8" veya 10" çapında, Asya'daki özel pazarlarda mevcuttur)
- 4 dal taze kişniş
- 1 yemek kaşığı kanola yağı

BUHARLANMIŞ BEBEK BOK CHOY VE TAT SOI:
- 4 kafalı baby bok choy
- Yarım kilo tat soi veya ıspanak, yıkanmış ve sapları ayıklanmış
- 1 çay kaşığı susam yağı
- Tatmak için tuz
- Tatmak için taze çekilmiş karabiber

TALİMATLAR:
ÇİN SİYAH FASULYE SOSU:
a) Kanola yağını orta boy bir tencerede ısıtın.
b) İnce doğranmış soğanı, sarımsağı ve zencefili 3 ila 5 dakika soteleyin.
c) Şeri ekleyin ve üçte bir oranında azaltın.
d) Doğranmış domatesleri ekleyip 2 dakika pişirin.
e) Balık sosunu (veya tamari), durulanmış siyah fasulyeyi ve karışık otları ekleyin. Baharatları tuz ve taze çekilmiş karabiber ile tadın ve ayarlayın.

PİRİNÇ KAĞIDINDA SOMON:

f) Somon filetolarını tuz ve taze çekilmiş karabiberle tatlandırın.
g) Pirinç kağıdı yuvarlaklarını bir kase sıcak suya batırın. Bunları sudan çıkarın ve düz bir yüzeye yerleştirin. Çarşaflar suyu emene kadar 1-2 dakika bekleyin.
h) İlk pirinç kağıdı sayfasını çalışma yüzeyinizin ortasına taşıyın. Pirinç kağıdının ortasına birkaç kişniş yaprağı yerleştirin.
i) Somon filetoyu üst tarafı aşağı gelecek şekilde ortasına, kişniş yapraklarını kaplayacak şekilde yerleştirin.
j) Bir paket oluşturmak için pirinç kağıdı yaprağının dört kenarını katlayın. Kalan üç filetoyu hazırlarken paketi ters çevirin ve hafifçe nemlendirilmiş bir havlunun altında saklayın.
k) Kanola yağını bir sote tavasında ısıtın. Pirinç kağıdı yarı saydam hale gelinceye kadar somon paketlerinin üst taraflarını 2 ila 3 dakika kızartın.
l) Paketleri ters çevirin ve istediğiniz pişme durumuna göre ocakta veya 175°C (350°F) fırında 5 ila 8 dakika pişirmeyi tamamlayın.

BUHARLANMIŞ BEBEK BOK CHOY VE TAT SOI:
m) Bebek Çin lahanasını ve tat soi'yi (veya ıspanağı) kaynar suda haşlayın. Süzüp susam yağı, tuz ve taze çekilmiş karabiberle karıştırın.

TOPLANTI:
n) Çin siyah fasulye sosunu 4 büyük yemek tabağının her birine koyun ve sosu eşit şekilde yaymak için tabağı eğerek.
o) Somon paketini her tabağın merkezinin biraz dışına yerleştirin.
p) 1 baş Çin lahanası ve biraz tat soi (veya ıspanak) ekleyin.
q) Hemen servis yapın ve Çin Siyah Fasulye Soslu Pirinç Kağıdına Sarılmış Somonunuzun tadını çıkarın!

19. Karidesli Pirinç Kağıdı Ruloları

Model: 24 rulo
İÇİNDEKİLER:
- 50 gr erişte pirinç eriştesi
- 24 adet küçük pirinç kağıdı
- ½ bardak kişniş yaprağı
- ½ bardak nane yaprağı
- 500g pişmiş karides, soyulmuş, kabuğu çıkarılmış, uzunlamasına ikiye bölünmüş
- 2 Lübnan salatalığı, çekirdekleri çıkarılmış, uzun kibrit çöpleri halinde kesilmiş
- 2 kırmızı turp, ince dilimlenmiş
- ½ bardak (125ml) tatlı biber sosu

HAVUÇ TURŞUSU İÇİN:
- 2 havuç, soyulmuş, kibrit çöpü şeklinde kesilmiş
- ¼ bardak (60ml) pirinç şarabı sirkesi
- 1 yemek kaşığı pudra şekeri
- 1 çay kaşığı tuz
- 1 kırmızı kuşgözü biber, çekirdekleri çıkarılmış, ince doğranmış (isteğe bağlı)
- 1 çay kaşığı ince rendelenmiş zencefil

TALİMATLAR:
a) Havuç turşusu yapmak için havuç, sirke, şeker, tuz, kırmızı biber (kullanılıyorsa), zencefil ve 1 yemek kaşığı suyu küçük bir kapta birleştirin. Tadını arttırmak için üzerini kapatıp 1 saat buzdolabında bekletin, ardından süzün.
b) Pirinç eriştelerini ısıya dayanıklı bir kaseye koyun, üzerini kaynar suyla kaplayın ve 2 dakika bekletin. Bunları soğuk su altında tazeleyin ve iyice süzün. Erişteleri mutfak makası kullanarak irice doğrayın.
c) Sığ bir tabağı ılık suyla doldurun. Bir adet pirinç kağıdını suya batırın, ardından suyunu süzün ve temiz bir tahtanın üzerine yerleştirin. Levha bu haliyle yumuşamaya devam edecektir.
d) Yumuşatılmış pirinç kağıdının üzerine, kağıdın alt üçte birlik kısmına 2 kişniş yaprağı ve 2 nane yaprağı yerleştirin. Üstüne 2 yarım karides ve bir porsiyon erişte, salatalık, turp ve havuç turşusu ekleyin.
e) Pirinç kağıdının kenarını dolgunun üzerine katlayın, ardından yanlarını katlayın ve çevrelemek için yuvarlayın. Tamamlanan ruloyu bir tepsiye yerleştirin. Bu işlemi kalan pirinç kağıdı, kişniş, nane, yarım karides, erişte, salatalık, turp ve havuç turşusu ile tekrarlayın. Yapışmayı önlemek için ruloları tepside biraz aralıklı tutun.
f) Mini Karides Pirinç Kağıdı Rulolarını daldırma için tatlı biber sosuyla birlikte servis edin.
g) Bir sonraki toplantınızda lezzetli ve sağlıklı bir meze olarak bu taze ve lezzetli mini karidesli pirinç kağıdı rulolarının tadını çıkarın.

20.Sashimi Sebze Ruloları

Yapım sayısı: 8 rulo

İÇİNDEKİLER:
- 1 havuç, soyulmuş, iri rendelenmiş
- 1 küçük kırmızı biber, ikiye bölünmüş, çekirdekleri çıkarılmış, ince dilimlenmiş
- 3 yeşil arpacık, uçları kesilmiş, çapraz olarak ince dilimlenmiş
- 1 demet kişniş, yaprakları toplanmış, yıkanmış, kurutulmuş, iri kıyılmış
- 8 yuvarlak (21 cm çapında) pirinç kağıdı yaprağı
- 80g bebek Asya yeşillikleri
- 2 (yaklaşık 400 gr) somon filetosu, ince dilimlenmiş
- 2 yemek kaşığı taze limon suyu
- 1 yemek kaşığı tatlı biber sosu
- 1 çay kaşığı balık sosu
- Limon dilimleri, servis için

TALİMATLAR:

SEBZE DOLGUSUNU HAZIRLAYIN

a) Büyük bir kapta iri rendelenmiş havuç, ince dilimlenmiş kırmızı biber, ince dilimlenmiş yeşil arpacık soğanı ve iri kıyılmış kişnişi birleştirin. Birleştirmek için yavaşça fırlatın.

PİRİNÇ KAĞIDI RULOLARINI BİRLEŞTİRİN

b) Bir pirinç kağıdı yaprağını ılık su dolu bir tabakta 45 saniye veya yumuşak ve esnek hale gelinceye kadar bekletin. Yırtılabileceği için çarşafı çok uzun süre ıslatmamaya dikkat edin.

c) Yumuşatılmış pirinç kağıdını bir kağıt havluya boşaltın ve temiz bir çalışma yüzeyine aktarın.

d) Pirinç kağıdı kağıdının ortasına birkaç küçük Asya yeşillikleri, havuç karışımının bir kısmı ve biraz somon dilimleri yerleştirin.

e) Kağıdın uçlarını katlayın ve dolguyu kapatacak şekilde sıkıca yuvarlayın, bir puro şekli oluşturun.

f) Rulo halindeki yufkayı çapraz olarak ikiye kesip servis tabağına dizin.

g) İşlemi kalan pirinç kağıdı tabakaları, bebek Asya yeşillikleri, havuç karışımı ve somonla tekrarlayın.

DOLMA SOSUNU HAZIRLAYIN

h) Küçük bir servis kabında taze limon suyunu, tatlı biber sosunu ve balık sosunu birleştirin.

SERT

i) Sashimi Sebzeli Pirinç Kağıdı Rulolarını hemen daldırma sosu ve limon dilimleriyle birlikte servis edin.

21. Füme Tavuklu Pirinç Kağıdı Ruloları

yapar: 8 porsiyon

İÇİNDEKİLER:
- 2 su bardağı ince kıyılmış yeşil lahana
- 1 su bardağı ince jülyen rendelenmiş havuç
- 1 su bardağı ince jülyen doğranmış kırmızı dolmalık biber
- 6 adet yeşil soğan, uzunlamasına jülyen doğranmış
- Baharatlı Şili Yağ Sosu
- 8 sekiz inçlik yuvarlak pirinç kağıtları
- 2 adet pişmiş füme tavuk göğsü (8-10 oz), ince dilimlenmiş
- 2 çay kaşığı kavrulmuş susam
- 3 yemek kaşığı kıyılmış kişniş
- 1 yemek kaşığı kıyılmış taze nane (isteğe bağlı)

TALİMATLAR:
a) Bir kasede ince kıyılmış yeşil lahanayı, jülyen doğranmış havuçları, jülyen doğranmış kırmızı dolmalık biberi ve jülyen doğranmış yeşil soğanı Baharatlı Şili Yağ Sosu ile birleştirin. Bu karışımın en az 30 dakika marine olmasına izin verin.
b) Pirinç kağıdını bir kase ılık suya batırın ve iyice ıslandığından emin olun. Islak pirinç kağıdını temiz bir çay havlusunun üzerine koyun ve esnek hale gelinceye kadar yumuşamasını bekleyin; bu yaklaşık 30 saniye sürecektir.
c) Marine edilmiş sebze karışımının yaklaşık ⅓ fincanını ölçün ve fazla sıvıyı çıkarmak için hafifçe sıkın.
d) Marine edilmiş sebzeleri pirinç kağıdının alt üçte birlik kısmına yerleştirin ve üzerine birkaç dilim füme tavuk ekleyin.
e) Sebzelerin ve tavuğun üzerine kavrulmuş susam, doğranmış kişniş ve kıyılmış taze nane (kullanılıyorsa) serpin.
f) Pirinç kağıdının alt kenarını dikkatlice dolgunun üzerine çekin, ardından yanları katlayın ve pirinç kağıdı rulosunu oluşturmak için sıkıca yuvarlayın.
g) Geriye kalan pirinç kağıtları ile haddeleme işlemini tekrarlayın.
h) Taze ve lezzetli bir meze veya atıştırmalık için füme tavuklu pirinç kağıdı rulolarını hemen servis edin.
i) Baharatlı Şili Yağlı Sos ile Füme Tavuklu Pirinç Kağıdı Rulolarının tadını çıkarın!

22.Tavuklu Yaz Böreği

Şunlardan oluşur: 6 rulo veya 3 ila 4 porsiyon

İÇİNDEKİLER:
- ¼ bardak pirinç sirkesi, artı 1 ila 2 yemek kaşığı
- 4 çay kaşığı şeker, bölünmüş
- 2 su bardağı kıyılmış, pişmiş tavuk
- 1 orta boy havuç, doğranmış
- Kaşer tuzu
- 12 (8 ½ inç) pirinç kağıdı ambalajı
- Yaklaşık 12 Boston marul yaprağı
- ⅓ İngiliz salatalığı veya 1 Kirby salatalığı, soyulmuş, jülyen doğranmış
- 4 yeşil soğan (beyaz ve yeşil kısımları), ince doğranmış
- ½ bardak taze nane yaprağı, fesleğen veya kişniş
- ½ bardak pişmiş kahverengi veya beyaz pirinç
- ½ bardak iri fıstık ezmesi
- 2 yemek kaşığı soya sosu

TALİMATLAR:
a) Orta boy bir kapta ¼ bardak pirinç sirkesini 2 çay kaşığı şekerle şeker eriyene kadar çırpın. Kıyılmış tavuğu ve havucu ekleyin, tadına göre tuz ekleyin ve bir kenara koyun.
b) Büyük bir kaseyi ılık suyla doldurun. Aynı anda 2 yaprak pirinç kağıdıyla çalışın (kıvrılmayı önlemek için diğerlerini hafif nemli bir bezle örtün). Kağıtları hafifçe yumuşayana kadar (yaklaşık 15 saniye) ılık suya batırın. Bunları çıkarın ve temiz bir yüzeye veya kesme tahtasına yayın. Fazla suyu çıkarmak için onları bir havluyla kurulayın.
c) Pirinç kağıdının alt üçte birlik kısmına 2 parça marul koyun ve kenarlarda yaklaşık ½ inç boşluk bırakın. Marulun üzerine yaklaşık ⅓ bardak tavuk ve havuç karışımını koyun, üzerine 4 ila 5 parça salatalık ve yeşil soğan, birkaç nane yaprağı ve yaklaşık 1 yemek kaşığı pirinç ekleyin.
d) Pirinç kağıdını yarıya kadar silindir şeklinde yuvarlayın. Kağıdı mühürlemek için yuvarlamaya devam ederken her iki kenarı da katlayın. Kalan ruloları hazırlarken nemli kalmaları için ruloları nemli bir havluyla kaplı bir tabağa yerleştirin. Ruloları ikiye bölün.
e) Orta boy bir kapta fıstık ezmesini, soya sosunu, 3 yemek kaşığı suyu, kalan 1 ila 2 yemek kaşığı pirinç sirkesini ve 2 çay kaşığı şekeri pürüzsüz hale gelinceye kadar çırpın.
f) Ruloları hemen daldırma sosuyla birlikte servis edin. Tavuklu Yaz Rulolarınızın tadını çıkarın!

23.Mango Tavuklu Pirinç Kağıdı Ruloları

Yapım: 2 porsiyon

İÇİNDEKİLER:
PARANTEZLER İÇİNDE.
PİRİNÇ KAĞIDI RULOLARI:
- 500 gr tavuk göğsü
- 1 mango
- 1 havuç
- 10 adet marul yaprağı
- 10 adet pirinç kağıdı
- 120 gr şehriye (2 porsiyon)
- 1 demet kişniş (kişniş)
- ½ yemek kaşığı zeytinyağı
- Bir tutam tuz
- Bir tutam biber

DALDIRMA SOSU:
- 6 yemek kaşığı su
- 15 damla stevia
- 1,5 yemek kaşığı limon suyu
- 2 yemek kaşığı balık sosu

TALİMATLAR:
MALZEMELERİ HAZIRLAYIN:
a) Dip sos malzemelerinin tamamını bir kapta birleştirerek dip sos hazırlayın. Bir kenara koyun.
b) Marul yapraklarını ve kişnişi (kişniş) yıkayıp kurulayın.
c) Havucu rendeleyin.
d) Mangoyu şeritler halinde kesin.
e) Erişteyi paket talimatlarına göre pişirin, süzün ve soğumaya bırakın.
f) Zeytinyağını yapışmaz bir tavada orta ateşte ısıtın. Tavuğun her iki tarafını da 5-7 dakika veya iyice pişene kadar kızartın. Tatmak için tuz ve karabiber ekleyin. Biraz soğumaya bırakın, ardından şeritler halinde dilimleyin.

RULOLARI BİRLEŞTİRİN:
g) Bir tabağı veya sığ bir kaseyi ılık suyla doldurun. Bir parça pirinç kağıdı alın ve yumuşaması için 2-3 saniye suya batırın.
h) Pirinç kağıdı üzerine kişniş (kişniş), tavuk, marul, havuç, mango ve şehriyeyi yerleştirin.
i) Pirinç kağıdının sol ve sağ taraflarını katlayın, ardından ruloyu kapatmak için alttan yukarıya doğru sıkıca yuvarlayın.
j) Kalan pirinç kağıdı yapraklarıyla tekrarlayın.
k) Pirinç kağıdı rulolarını hemen daldırma sosuyla birlikte servis edin.
l) Mango Tavuklu Pirinç Kağıdı Rulolarınızın tadını çıkarın.

24.Hoisin Hindi Pirinç Kağıdı Ruloları

12 rulo yapar

İÇİNDEKİLER:
- 375 gram (12 ons) kıyılmış (öğütülmüş) hindi
- 2 santimetre (¾ inç) parça taze zencefil (10g), rendelenmiş
- ⅓ bardak (80ml) kuru üzüm sosu
- ¼ bardak (60ml) tatlı biber sosu
- 12 x 22 cm (9 inç) pirinç kağıdı mermileri
- 1 Lübnan salatalığı (130g), çekirdekleri çıkarılmış, kibrit çöpü şeklinde kesilmiş
- 1 su bardağı (80g) fasulye filizi, doğranmış
- 75 gram (2½ ons) kar bezelyesi, kesilmiş, ince dilimlenmiş
- 12 büyük taze nane yaprağı
- 12 adet taze kişniş (kişniş) dalı

TALİMATLAR:
a) Büyük bir tavayı yağla ısıtın, kıyılmış hindiyi ve rendelenmiş zencefili ekleyin. Hindinin rengi değişene kadar karıştırarak pişirin. Ateşten alın ve kuru üzüm sosunun yarısını ve 1 yemek kaşığı tatlı biber sosunu ilave ederek karıştırın.
b) Bir yaprak pirinç kağıdını orta boy bir kase ılık suya, zar zor yumuşayana kadar batırın.
c) Çarşafı dikkatlice sudan kaldırın ve kurulama havlusu ile kaplı bir tahtanın üzerine yerleştirin.
d) Hindi karışımından bir çorba kaşığı dolusu yaprağın ortasına yayın. Üzerine biraz salatalık kibriti, fasulye filizi, dilimlenmiş bezelye, nane yaprağı ve bir tutam taze kişniş ekleyin.
e) Pirinç kağıdını dolgunun üzerine yuvarlayın, yanlardan katlayın ve ardından dolguyu kapatacak şekilde yuvarlayın. Bu işlemi kalan pirinç kağıdı, hindi karışımı, sebzeler ve otlar ile tekrarlayın.
f) Kalan kuru üzüm sosunu ve tatlı biber sosunu küçük bir kasede yaklaşık 1 yemek kaşığı suyla birleştirin.
g) Ruloları dip sosla birlikte servis edin.

25.Fıstık Soslu Hindi Ruloları

Yapım: 12 rulo

İÇİNDEKİLER:
BAHAR RULOLARI İÇİN:
- Yemek pişirmek için bitkisel yağ
- 1 pound öğütülmüş hindi
- ½ çay kaşığı tuz
- 2 diş sarımsak, doğranmış
- 1 çay kaşığı kıyılmış zencefil
- 1 çay kaşığı susam yağı
- 12 adet pirinç kağıdı
- Pişmiş erişte
- İnce dilimlenmiş salatalık
- Havuç, jülyen doğranmış
- İnce dilimlenmiş lahana
- Taze kişniş yaprakları
- Plastik ambalaj

TAY FISTIĞI SOSU İÇİN:
- ½ bardak fıstık ezmesi
- 2 yemek kaşığı soya sosu
- 2 yemek kaşığı sirke
- 1 yemek kaşığı sarımsak-şili sosu (tadına göre ayarlayın)
- 2 yemek kaşığı limon suyu
- 2 diş sarımsak, kıyılmış
- 1 çay kaşığı rendelenmiş zencefil
- 3-4 yemek kaşığı su (istenen kıvama göre gerektiği kadar ekleyin)

TALİMATLAR:

a) Büyük bir tavada bitkisel yağı orta-yüksek ateşte ısıtın. Öğütülmüş hindiyi, tuzu, doğranmış sarımsağı ve doğranmış zencefili ekleyin.

b) Hindi hafifçe kızarıp ufalanana kadar pişirin, bu yaklaşık 10 dakika sürer. Ateşten alın ve susam yağını ekleyerek karıştırın.

c) Her seferinde bir pirinç kağıdıyla çalışarak, kağıdı esnek hale gelinceye kadar büyük bir kase ılık suya batırın; bu işlem 1 dakikadan az sürecektir. Islatılmış pirinç kağıdını çalışma yüzeyine aktarın.

d) Az miktarda pişmiş erişte, salatalık dilimleri, jülyen doğranmış havuç, ince dilimlenmiş lahana, taze kişniş yaprağı ve hindi karışımını pirinç kağıdı kağıdının altına yerleştirin. Uçlarını katlayın ve dolguyu kapatmak için sıkıca yuvarlayın.

e) Servis yapmadan önce ayrı tutmak için her ruloyu plastik ambalajla örtün.

f) Küçük bir kapta fıstık ezmesini, soya sosunu, sirkeyi, sarımsak-şili sosunu, limon suyunu, kıyılmış sarımsağı ve rendelenmiş zencefili birleştirin.

g) Daldırılabilir kremsi bir kıvam elde edene kadar her seferinde bir çorba kaşığı su ekleyin.

26.Pekin Ördeği Pirinç Kağıdı Ruloları

Yapım: 4

İÇİNDEKİLER:

RULOLAR İÇİN:
- 1 paket 360g Pekin Aromalı Ördek Göğsü

GİYDİRME İÇİN:
- ¼ bardak ince kıyılmış kişniş
- ¼ su bardağı ince doğranmış taze soğan
- 1 kırmızı biber, ince doğranmış
- 4 cm'lik zencefil topuzu, soyulmuş ve ince doğranmış
- 1 diş sarımsak, ince doğranmış
- 1 misket limonunun suyu
- 1 yemek kaşığı balık sosu
- ¼ fincan hafif soya sosu
- Pekin ördeği tepsisinden 3 çay kaşığı ayrılmış sos

DİĞER MALZEMELER:
- 10 yaprak pirinç kağıdı
- 1 sığ kase soğuk su
- ¼ bardak derin yağda kızartılmış arpacık soğanı
- 2 bardak wombok lahanası, kıyılmış
- 1 demet kişniş
- 2 taze soğan, ince dilimlenmiş
- 1 salatalık, kibrit çöpü şeklinde dilimlenmiş

TALİMATLAR:

a) Pişen ördek göğüslerini ince ince dilimleyin.

b) Küçük bir kapta kişniş, taze soğan, kırmızı biber, zencefil, sarımsak, limon suyu, balık sosu ve hafif soya sosu dahil sos için tüm malzemeleri karıştırın. Pekin ördeği tepsisinden ayırdığınız sosu ekleyin ve iyice birleştirin.

c) Bir yaprak pirinç kağıdını sığ bir kase soğuk suya batırın. Yumuşadıktan sonra temiz bir tahtaya koyun ve üzerine kızartılmış arpacık soğanı serpin.

d) Pirinç kağıdının ortasına ördek dilimlerini, rendelenmiş wombok lahanasını, kişniş yapraklarını, dilimlenmiş taze soğanı ve salatalık kibrit çöplerini yerleştirin.

e) Pirinç kağıdını dolgunun üzerine yuvarlayın, dolguyu kapatmak için yanları katlayın ve bir rulo oluşturun.

f) Bu işlemi kalan pirinç kağıdı tabakaları ve dolgu malzemeleriyle tekrarlayın.

g) Pekin Ördeği Pirinç Kağıdı Rulolarını, daldırma için hazırlanan sosla birlikte servis edin.

27. Pirinç Kağıdına Sarılmış Mangalda Dana Salatası

Yapım: 6 Porsiyon

İÇİNDEKİLER:
- 1 pound kemiksiz sığır eti yuvarlak (1 inç kalınlığında)
- 2 sap taze limon otu
- 2 arpacık
- 3 diş sarımsak
- 1 taze serrano biberi
- 1 yemek kaşığı şeker
- 1 yemek kaşığı Vietnam balık sosu (nuoc mam)
- 1 yemek kaşığı Asya susam yağı
- 1 yemek kaşığı susam
- 2 ons kurutulmuş pirinç çubuğu eriştesi
- Kaynayan su
- 12 adet büyük kırmızı marul yaprağı
- 1 küçük İngiliz salatalığı, soyulmuş ve jülyen doğranmış
- 24 taze nane yaprağı
- 36 adet taze kişniş yaprağı, her birinin küçük bir sapı var
- Nuoc cham daldırma sosu
- 12 (12 inç) kurutulmuş pirinç kağıdı dairesi

NUOC CHAM DALDIRMA SOSU:
- 4 diş sarımsak
- 2 taze biber (tercihen serrano)
- 2 yemek kaşığı şeker
- 6 yemek kaşığı Vietnam balık sosu (nuoc mam)
- 4 yemek kaşığı taze limon suyu
- 6 ila 8 yemek kaşığı su

TALİMATLAR:
Sığır etinin marine edilmesi:
a) Sığır eti 4 x ¾ inçlik parçalar halinde kesin. Her parçayı tahıl boyunca ¼ inç kalınlığında şeritler halinde dilimleyin.
b) Limon otunun sert dış yapraklarını çıkarın ve atın. Yumuşak beyaz kalbi 1 inç uzunluğunda dilimleyin ve arpacık soğanı, sarımsak, kırmızı biber ve şekerle birlikte bir mutfak robotuna koyun; bir macun haline getirin.
c) Macunu bir kaseye aktarın ve balık sosu, susam yağı ve susam tohumlarını ekleyerek karıştırın. Sığır dilimlerini ekleyin, iyice karıştırın ve en az 3 saat veya gece boyunca marine edin.
PİRİNÇ ÇUBUĞU NOODLE VE EŞLİKLERİNİN HAZIRLANMASI:

d) Orta boy bir kapta pirinç eriştelerini kaynar suyla kaplayın; 1 dakika bekletin, sonra süzün. Pirinç eriştelerini, marulu, salatalık şeritlerini, naneyi ve kişnişi ayrı yığınlar halinde bir tabağa yerleştirin ve sığır eti için yer bırakın. Buzdolabına koyun.

e) Dana etinin ızgarada pişirilmesi:

f) Servis yapmadan hemen önce ızgara telini sıcak kömürlerin üzerinde önceden ısıtın. Sığır eti şeritlerini her iki tarafı da güzelce kızarıncaya kadar 30 saniye ızgaralayın. Alternatif olarak, sığır eti şeritlerini sıcak bir piliç altındaki en yüksek fırın rafına yerleştirin ve her iki tarafı da kızarana kadar kızartın. Sığır eti tabağa dizin.

PİRİNÇ KAĞIDI RULOLARININ YAPILIŞI:

g) Masaların üzerine bir tabak dip sos ve bir veya daha fazla geniş kase ılık su koyun. Her misafir pirinç kağıdından bir daireyi su kabına batırır ve hemen bir yemek tabağına veya nemli bir havluya düz bir şekilde yayar. Daire birkaç saniye içinde yeniden sulanacak ve esnek hale gelecektir.

h) Çin böreği yapmak için, nemlendirilmiş dairenin alt üçte birlik kısmına bir marul yaprağı koyun. Üzerine 2 veya 3 dilim sığır eti, büyük bir yemek kaşığı erişte, birkaç şerit salatalık ve birkaç yaprak nane ve kişniş ekleyin.

i) Pirinç kağıdının yakın kenarını dolgunun üzerine katlayın, ardından kağıdı gergin tutarak dolgunun etrafına sarın. Yarı yolda, dolguyu kapatmak için bir ucunu katlayın; sonra yuvarlanmaya devam edin.

j) Rulonun açık ucunu nuoc cham dip sosuna batırın ve parmaklarınızla yiyin.

NUOC CHAM DALIŞ SOSUNUN YAPILMASI:

k) Daldırma sosunu hazırlamak için 4 diş sarımsağı, 2 taze kırmızı biberi (tercihen serrano) ve 2 yemek kaşığı şekeri bir havanda, blenderde veya mini mutfak robotunda ezerek macun haline getirin.

l) 6 yemek kaşığı Vietnam balık sosunu (nuoc mam), 4 yemek kaşığı taze limon suyunu ve 6 ila 8 yemek kaşığı suyu karıştırın. Sosu bir daldırma kabına süzün.

28.Demirhindi Soslu Dana ve Kinoa Ruloları

Yapım: 12 rulo

İÇİNDEKİLER:
- 100 gr (½ su bardağı) üç renkli kinoa
- 225 ml su
- 30 gr hurma şekeri, ince doğranmış
- 5 çay kaşığı balık sosu
- 1 yemek kaşığı demirhindi püresi
- 1 küçük diş sarımsak, ezilmiş
- 2 çay kaşığı limon suyu
- ¾ çay kaşığı taze zencefil, ince rendelenmiş
- 400 gr dana biftek
- 2 yeşil arpacık, ince dilimlenmiş
- 12 adet pirinç kağıdı, 22 cm çapında
- 1 uzun taze kırmızı biber, çapraz olarak ince dilimlenmiş
- 12 büyük taze nane yaprağı
- 150 gr fasulye filizi
- 12 dal taze kişniş

TALİMATLAR:
a) Kinoayı ve 185 ml (¾ bardak) suyu orta-düşük ateşte bir tencereye koyun. Bir kaynamaya getirin ve ara sıra karıştırın.
b) Kinoayı 10-12 dakika veya yumuşayana kadar pişirin. Hafifçe soğumasına izin verin.
c) Sos için hurma şekeri, balık sosu, demirhindi püresi, ezilmiş sarımsak ve kalan suyu bir tencerede orta-düşük ateşte birleştirin.
d) 3 dakika boyunca sürekli karıştırın ve ardından hafifçe koyulaşana kadar 2 dakika daha kaynamaya bırakın.
e) Sosu bir kaseye aktarıp limon suyu ve ince rendelenmiş zencefili ekleyin. Soğumasına izin verin.
f) Orta-yüksek ateşte kömür ızgarasını ısıtın.
g) Dana but bifteğine zeytinyağı püskürtün ve baharatlayın.
h) Orta pişmişlik için bifteği çevirerek yaklaşık 4 dakika veya tercih ettiğiniz pişmişlik seviyesine ulaşana kadar pişirin.
i) Pişen eti 4 dakika dinlendirdikten sonra ince ince dilimleyin.

PİRİNÇ KAĞIDI RULOLARINI BİRLEŞTİRİN
j) İnce dilimlenmiş yeşil arpacık soğanı ve 3 çay kaşığı demirhindi daldırma sosunu pişmiş kinoanın içine karıştırın.

k) Bir pirinç kağıdı yaprağını 10 saniye boyunca veya yumuşayana kadar soğuk suya batırın, ardından temiz bir kurulama bezi üzerine boşaltın.

l) Yumuşatılmış pirinç kağıdını çalışma yüzeyine yerleştirin ve ortasına 2 biber dilimi ve bir nane yaprağı ekleyin.

m) Üzerine kinoa karışımının bir kısmını, fasulye filizlerini, ızgara sığır eti dilimlerini ve bir kişniş dalını ekleyin.

n) Pirinç kağıdı tabakasının uçlarını katlayın ve dolguyu kapatmak için sıkıca sarın.

o) İşlemi kalan pirinç kağıdı tabakalarıyla tekrarlayın.

p) Sığır eti ve kinoa pirinç kağıdı rulolarını, kalan demirhindi daldırma sosuyla servis edin.

29.Limon Otu Sığır Eti Pirinç Kağıdı Ruloları

Yapım: 4

İÇİNDEKİLER:
- 125 gr pirinç eriştesi
- ¼ bardak (60ml) balık sosu
- 1 ½ yemek kaşığı esmer şeker
- 2 diş sarımsak, ezilmiş
- 1 uzun kırmızı biber, ince doğranmış
- 1 limon otu sapı, sadece soluk kısmı, berelenmiş, ince doğranmış
- 500g Coles Avustralya Sığır Gözü Fileto Biftek, 2 cm kalınlığında biftekler halinde kesilmiş
- zeytin yağı spreyi
- 1 büyük havuç, soyulmuş, kibrit çöpü şeklinde kesilmiş
- 1 Lübnan salatalığı, ikiye bölünmüş, çekirdekleri çıkarılmış, kibrit çöpü şeklinde kesilmiş
- 2 taze soğan, 5 cm uzunluğunda kesilmiş
- 1 su bardağı taze nane yaprağı
- 12 yuvarlak (22 cm çapında) pirinç kağıdı yaprağı

DALDIRMA SOSU İÇİN:
- 2 yemek kaşığı balık sosu
- 1 ½ yemek kaşığı esmer şeker
- 2 yemek kaşığı limon suyu
- ½ uzun kırmızı biber, çekirdeği çıkarılmış, ince doğranmış

TALİMATLAR:
a) Pirinç eriştelerini ısıya dayanıklı bir kaseye koyun ve üzerini kaynar suyla kaplayın. 3 dakika bekletin ve iyice süzün.
b) Bir sürahide balık sosunu, esmer şekeri, ezilmiş sarımsağı, ince kıyılmış kırmızı biberi ve ince kıyılmış limon otunu şeker eriyene kadar karıştırın. Karışımı baharatlayın. Sığır eti bir cam veya seramik tabağa koyun ve üzerine marineyi dökün ve kaplayın.
c) Büyük bir kızartma tavasını zeytinyağıyla yağlayın ve orta-yüksek ateşte ısıtın.
d) Sığır etini marinattan boşaltın ve her iki tarafını da orta derecede veya istediğiniz pişme seviyesine ulaşıncaya kadar 3 dakika pişirin.
e) Pişen eti bir tabağa aktarın, üzerini folyo ile örtün ve 5 dakika dinlendirdikten sonra ince ince dilimleyin.
f) Daldırma sosunu hazırlamak için balık sosu, esmer şeker, limon suyu ve doğranmış kırmızı biberi bir sürahide birleştirin.

MONTAJLAMA

g) Pirinç kağıdını bir kase ılık suda 30 saniye yumuşatmak için yudumlayın, ardından kağıt havluların üzerine boşaltın.

h) Bir tabağa aktarın ve ortasına nane yaprakları, havuç, salatalık, taze soğan, erişte ve dilimlenmiş dana eti dizin.

i) Uçlarını katlayın ve dolguyu kapatmak için sıkıca sarın.

j) Pirinç kağıdı rulolarını daldırma sosuyla birlikte servis edin.

k) Lezzetli Vietnam Limon Otu Sığır Eti Pirinç Kağıdı Rulolarınızın tadını çıkarın!

30. Dana Bulgogi Böreği

Şunlardan oluşur: 6 rulo

İÇİNDEKİLER:
- 6 adet 22 cm (8,6 inç) Vietnam pirinç kağıdı
- 200 gr süpermarket sığır bulgogisi (veya ev yapımı)
- 50 gram rendelenmiş beyaz lahana
- 20 gr rendelenmiş kırmızı (mor) lahana
- 20 gr kişniş (birkaç nane veya fesleğen yaprağı ile)
- Yarım havuç, ince rendelenmiş veya kibrit çöpü şeklinde kesilmiş
- 75g salata karışımı (veya marul veya mercan gibi marul)
- Yarım dolmalık biber (kırmızı biber), şeritler halinde kesilmiş (en iyi görünüm için üç renkli)
- İsteğe bağlı olarak 6 uzun dilim frenk soğanı veya taze soğan (yeşil soğan)

DALDIRMA SOSU:
- 4 çay kaşığı anlık ssamjang sosu (veya ev yapımı)
- Ekstra ısı için 1 çay kaşığı sriracha biber sosu (tadına göre ayarlayın)
- 2 çay kaşığı ponzu sosu
- 1 ½ yemek kaşığı goma (susam) salata sosu

TALİMATLAR:
a) Dana bulgogiyi bir tavada biraz yağla, fazla pişirmemeye dikkat ederek pişirin. 6 porsiyona bölün ve bir kenara koyun.
b) Kalan malzemeleri hazırlayın. Ayrıca pirinç kağıdı rulolarını daldırmak için derin bir tabak veya kase suyu hazır bulundurun.
c) (A) malzemelerini küçük bir kapta birleştirerek, pürüzsüz hale gelinceye kadar karıştırarak daldırma sosunu hazırlayın. Tadını tercihinize göre ayarlayın. Sosu iki küçük tabağa paylaştırın ve üzerine kavrulmuş susam serpin.

MONTAJLAMA:
d) Bir parça pirinç kağıdını yumuşayana kadar (yaklaşık 7-10 saniye) hızla suya batırın.
e) Yumuşatılmış pirinç kağıdını büyük bir tabağa veya ahşap tahtaya yerleştirin.
f) Aşağıdaki iki yuvarlanma stilinden birini seçin:
g) Temel Rulo: Salata karışımını (veya marulu) ve diğer malzemeleri (frenk soğanı hariç) pirinç kağıdının ortasına yerleştirin. Sol ve sağ tarafları, ardından alt tarafı katlayın. Doldurmaları sıkı tutarken sargıyı kendinizden uzağa doğru yuvarlayın.

h) Estetik Rulo: Malzemeleri fotoğrafta gösterildiği gibi düzenleyin. En üstteki sığır eti katmanı, Çin böreğinin ön "yüzü" olacaktır. Sol ve sağ tarafları katlayın, ardından alt kenarı yukarı doğru katlayın. Dolguları sıkı tutarak sargıyı kendinizden uzağa doğru yuvarlayın.

i) Sığır etinin tabanına ulaştığınızda, dekoratif bir frenk soğanı veya taze soğanı yerleştirin ve bunun Çin böreğinden dışarı çıkmasına izin verin. Sargının son kısmını yuvarlamaya devam edin. Sığır etinin göründüğü estetik tarafı ortaya çıkarmak için yaylı ruloyu ters çevirin.

j) Spring roll'ları daldırma sosuyla servis edin. Hemen tüketmeyecekseniz sigara böreği tabağını streç filmle sarın.

k) Artıklar buzdolabında hava geçirmez bir kapta 2 güne kadar saklanabilir ve her bir yaylı rulo streç filme sarılır. Eğlence!

31. Satay Sığır Eti Pirinç Kağıdı Ruloları

Yapım: 4

İÇİNDEKİLER:
- ½ kıtasal salatalık, çekirdekleri çıkarılmış ve kibrit çöpü şeklinde dilimlenmiş
- 1 kırmızı biber, dilimlenmiş
- 1 kırmızı biber, dilimlenmiş
- 1 paket Tay fesleğeni
- ½ poşet (200g) lahana salatası
- 600 gr dana but biftek
- 1 paket pirinç kağıdı rulosu
- 1 şişe (150ml) fıstık satay sosu
- Sıvı yağ (pişirmek için)
- Tuz
- Biber
- 1 çay kaşığı öğütülmüş zerdeçal

TALİMATLAR:
a) Salatalığın çekirdeklerini çıkarın ve kibrit çöpü şeklinde dilimleyin. Biber ve biberi dilimleyin. Fesleğen yapraklarını seçin. Lahana salatası ile bir kenara koyun.
b) Sığır etini 1 çay kaşığı zerdeçal, 1 yemek kaşığı yağ ile kaplayın ve tuz ve karabiberle tatlandırın. Bir kızartma tavasını yüksek ateşte ısıtın. Bifteklerin her iki tarafını da 3-4 dakika veya istediğiniz kıvama gelinceye kadar pişirin. Tavadan alıp ince ince dilimleyin.
c) Masanın üzerine temiz bir çay havlusu ve sığ bir tabak su koyun. Bir yaprak pirinç kağıdını 5 saniye suya batırın. Çay havlusunun üzerine koyun ve yumuşayana kadar bekletin.
d) Doldurmayı ve sığır etini yuvarlakların ortasına yerleştirin.
e) Uçlarını katlayın ve sıkıca saracak şekilde yuvarlayın.
f) Kalan pirinç kağıdı tabakalarıyla tekrarlayın.
g) Satay sosunu bir daldırma kabına dökün ve 1-2 yemek kaşığı su ile gevşetin. Pirinç kağıdı rulolarıyla servis yapın.

BURITO SARMALARI

32.Tavuklu keçi peynirli burrito

Yapım: 4 Porsiyon

İÇİNDEKİLER:
- 1 pound Kemikli / derili tavuk göğsü
- 1 çay kaşığı öğütülmüş kimyon
- ½ çay kaşığı Tuz ve karabiber
- 4 Un ekmeği; Yağı azaltılmış
- 1 kutu (15 oz) siyah fasulye
- 1 çay kaşığı Salata yağı
- ½ bardak (3 ons) yumuşak keçi peyniri, küçük parçalara bölünmüş
- 1 bardak ila 1 1/2 bardak yeşil salsa

TALİMATLAR:
a) Tavuğu ½ "x 3" şeritler halinde kesin. Bir kapta kimyon, tuz ve karabiberi eşit şekilde kaplayın.

b) Ekmeği folyoya sarın ve 350F fırında sıcak olana kadar yaklaşık 10 dakika ısıtın.

c) Fasulyeleri ve sıvılarını 1 litrelik bir tencereye koyun ve köpürene kadar orta-yüksek ateşte yaklaşık 5 dakika pişirin.

d) Orta-yüksek ateşte, 10-12 inçlik yapışmaz bir tavada, etin ortası pembe olmayıncaya kadar tavuğu ve yağı sık sık karıştırın, yaklaşık 6 dakika.

e) Tortillaları düz bir şekilde yerleştirin. Her birinin 1 kenarına doğru tavuk, fasulye (sıvının çoğu dahil), peynir ve ½ c salsa ile eşit şekilde doldurun.

f) Kenarlarını katlayın ve kapatmak için sıkıca sarın.

g) Tadına daha fazla salsa ekleyin.

33.Tavuklu pilavlı burrito

Üretim: 60 porsiyon

İÇİNDEKİLER:
- 3 bardak Ekşi Krema
- ¾ bardak Süt
- ½ bardak Yeşil Biber
- 1 paket Uncle Ben's Marka Tavuk Aromalı Pirinç Pilavı
- ½ çay kaşığı Acı Biber
- 6 pound Doğranmış, pişmiş tavuk
- 2 yemek kaşığı Tuz
- 60 Un ekmeği

TALİMATLAR:
a) Ekşi krema, süt ve yeşil biberleri birleştirin. Tatları karıştırmak için soğutun.
b) Pirinci paketin üzerindeki talimatlara göre, acı biber ekleyerek pişirin.
c) Tavuk ve tuzu karıştırın. Isıtın. Servis yapmaya hazır olana kadar örtün ve sıcak (150-160ØF.) tutun.
d) 12 numara kepçe tavuk-pilav karışımını tortillaların üzerine yerleştirin. Katlamak.
e) Katlanmış tortillaların üzerine yarım onsluk ekşi krema sosunu kepçeyle dökün.

34.Çin burritoları

Yapım: 4 Porsiyon

İÇİNDEKİLER:
- 4 Un ekmeği; 8 inç
- 2 su bardağı tavuk ve tatlı biber kızartması
- 4 ons Konserve mantarlar; dilimlenmiş ve süzülmüş
- ¼ bardak Erik konservesi

TALİMATLAR:
a) Tortillaları folyoya sarın. Yumuşatmak için 350° fırında 10 dakika ısıtın.
b) Bu arada, orta boy bir tencerede ayrılmış Tavuk ve Tatlı biber kızartmasını, mantarları ve erik konservelerini birlikte karıştırın.
c) Yaklaşık 5 dakika veya tamamen ısıtılıncaya kadar orta ateşte pişirin ve karıştırın.
d) Birleştirmek için, her tortillanın ortasına tavuk karışımının ¼'ünü kaşıklayın. Tortillanın karşıt taraflarını üst üste gelecek şekilde katlayın.

35.Tavuk ve Ananaslı Burrito

İÇİNDEKİLER:
- ½ bardak kıyılmış tavuk, derisi alınmış
- 3 yemek kaşığı yüksek kaliteli salsa
- 2 yemek kaşığı konserve siyah fasulye, durulanmış ve süzülmüş
- 2 yemek kaşığı ince doğranmış kırmızı soğan
- 2 yemek kaşığı doğranmış taze ananas
- 2 yemek kaşığı ince kıyılmış biber
- ¼ çay kaşığı öğütülmüş kimyon
- ¼ çay kaşığı koşer tuzu
- 6 inçlik buğday tortillası

TALİMATLAR:
a) Tortilla hariç tüm malzemeleri bir kapta karıştırın.
b) 12 onsluk bir bardağa dökün.
c) Kapağını kapatıp soğanlar yumuşayana kadar yaklaşık 2 dakika mikrodalgada tutun.
d) Tortillayı bir tabağa koyun ve üzerini temiz bir mutfak havlusuyla örtün.
e) Isınana kadar mikrodalga, yaklaşık 20 saniye
f) Tortillanın üzerine dolguyu kaşıkla dökün ve yuvarlayın.

36. Tavuk Burrito Tava

6 porsiyon

İÇİNDEKİLER:
- 1 kiloluk kemiksiz derisiz tavuk göğsü, 1-1 / 2-inç parçalar halinde kesilmiş
- 1/8 çay kaşığı tuz
- 1/8 çay kaşığı biber
- 2 yemek kaşığı zeytinyağı, bölünmüş
- 1 su bardağı pişmemiş uzun taneli pirinç
- 1 kutu (15 ons) siyah fasulye, durulanmış ve süzülmüş
- 1 kutu (14-1/2 ons) doğranmış domates, süzülmüş
- 1 çay kaşığı öğütülmüş kimyon
- 1/2 çay kaşığı soğan tozu
- 1/2 çay kaşığı sarımsak tozu
- 1/2 çay kaşığı biber tozu
- 2-1/2 bardak sodyumu azaltılmış tavuk suyu
- 1 bardak rendelenmiş Meksika peyniri karışımı
- 1 orta boy domates, doğranmış
- 3 yeşil soğan, doğranmış

TALİMATLAR:
a) Tavukları tuz ve karabiberle karıştırın. Büyük bir dökme demir veya başka bir ağır tavada 1 yemek kaşığı yağı orta-yüksek ateşte ısıtın; Tavuğu kızarana kadar yaklaşık 2 dakika soteleyin. Tavadan çıkarın.

b) Aynı tavada kalan yağı orta-yüksek ateşte ısıtın; pirinci hafifçe kızarana kadar 1-2 dakika soteleyin. Fasulyeleri, konserve domatesleri, baharatları ve et suyunu karıştırın; kaynatın. Tavuğu üstüne yerleştirin (pirinçle karıştırmayın). Pirinç yumuşayana ve tavuk artık pembeleşmeyene kadar, kapağı kapalı olarak 20-25 dakika pişirin.

c) Ateşten alın; peynir serpin. Peynir eriyene kadar ağzı kapalı olarak bekletin. Üstüne domates ve yeşil soğan ekleyin.

37.Ördek börek

yapar: 4 porsiyon

İÇİNDEKİLER:
- 1 yemek kaşığı Zeytinyağı
- ½ su bardağı kıyılmış soğan
- 1 koçan tatlı mısır, kazınmış
- koçandan
- 1 yemek kaşığı kıyılmış arpacık
- 2 çay kaşığı kıyılmış sarımsak
- 1 Kavrulmuş ördek göğsü, (8 ila
- 10 Ons) çekildi
- 1 su bardağı haşlanmış siyah fasulye
- 1 su bardağı pişmiş beyaz pirinç
- 1 yemek kaşığı biber tozu
- 2 çay kaşığı kimyon
- 1 su bardağı Ördek veya herhangi bir koyu et suyu
- Tuz ve karabiber
- 1 yemek kaşığı kıyılmış kişniş
- 6 Un ekmeği
- 12 Kürdan
- kızartmalık yağ
- Öz
- ½ su bardağı rendelenmiş kaşar peyniri
- ½ bardak rendelenmiş Monterey Jack peyniri
- 1 su bardağı Jalapeno Ekşi Krema

TALİMATLAR:
a) Büyük bir sote tavasında orta ateşte zeytinyağını ekleyin. Yağ ısınınca soğanları ekleyip 1 dakika soteleyin.

b) Tuz ve karabiberle tatlandırın. Mısır, arpacık soğanı ve sarımsağı ekleyip 2 dakika sotelemeye devam edin. Çekilmiş eti, siyah fasulyeyi ve pirinci karıştırın.

c) Karışımı toz biber ve kimyonla tatlandırın. Ördek suyunu ekleyin ve kaynatın.

d) Kaynamaya bırakın ve 2 ila 3 dakika veya sıvının ⅔'ü azalıncaya kadar pişirin. Kişnişi karıştırın.

e) Karışımı tamamen soğutun. Fritözü önceden ısıtın. Her unlu tortillanın ortasına ¾ fincan dolusu kaşık koyun.

f) Tortillanın kenarlarını suyla hafifçe ıslatın. Tortillanın kenarlarını katlayın ve tortillayı sıkıca yukarı doğru yuvarlayarak bir burrito oluşturun, kenarların tamamen kapatıldığından emin olun. Gerekirse her burritoyu kürdanla sabitleyin.

g) Burritoları birer birer sıcak yağa koyun ve her iki tarafı da yaklaşık 2 ila 3 dakika altın rengi kahverengi olana kadar kızartın. Genel olarak kızarması için burritoları ara sıra bir kaşıkla karıştırın. Burritoları gruplar halinde kızartın.

h) Burritoları yağdan çıkarın ve kağıt kaplı bir tabağa boşaltın. Burritoları Essence ile tatlandırın. Burritoları Chili Corn Sos ile servis edin.

i) Her burritoyu iki peynir ve Jalapeno Ekşi Krema serpintisiyle süsleyin.

38. Öğütülmüş hindi burritoları

yapar: 8 porsiyon

İÇİNDEKİLER:
- 1 pound Kıyılmış hindi veya sığır eti
- 1 büyük Soğan – doğranmış
- 1 büyük yeşil biber – doğranmış
- 2 Şili serrano (isteğe bağlı) Kıyılmış
- 1 diş sarımsak – kıyılmış
- 1 konserve kızartılmış fasulye
- 1 kutu Şili biberi – doğranmış
- ¾ bardak Picante sosu
- 1 çay kaşığı öğütülmüş kimyon
- ½ çay kaşığı Kekik
- 1 çay kaşığı Tuz
- 1 çizgi Cayenne
- 1 bardak Monterey jack peyniri, rendelenmiş
- 8 Un ekmeği

TALİMATLAR:
a) Hindiyi soğan, biber ve sarımsakla kızartın. Fazla yağı boşaltın.
b) Kalan malzemeleri ekleyin ve yaklaşık 10 dakika pişirin.
c) Karışımın biraz daha katı olması için biraz soğumaya bırakın. Tortillaları mikrodalgada veya ayrı ayrı bir tavada yumuşatmak için ısıtın.
d) Her tortillanın ortasına büyük bir kaşık dolusu koyun, üzerine biraz peynir koyun ve uçlarını içe doğru katlayarak sarın.
e) İsteğe bağlı eklemeler: siyah fasulye, mısır, daha fazla kırmızı biber, pirinç, ne istersen.

39. Mini çeşit sebzeli börek

Yapar: 10

İÇİNDEKİLER:
- Bir adet 15 onsluk vejetaryen yeniden kızartılmış fasulye konservesi
- Bir adet 15 onsluk siyah fasulye konservesi, süzülmüş ve durulanmış
- 6 yemek kaşığı Sıvı yağ
- 1 tatlı soğan, doğranmış
- 1 küçük kabak veya yaz kabağı, rendelenmiş
- 2 çay kaşığı tuz
- 1 kırmızı dolmalık biber, doğranmış
- 1 su bardağı dilimlenmiş mantar
- 1 su bardağı küp küp doğranmış haşlanmış patates
- 1 çay kaşığı kırmızı biber
- 2 çay kaşığı kimyon
- ¼ çay kaşığı acı biber
- 1 su bardağı pişmiş uzun taneli kahverengi pirinç
- 20 küçük un tortillası
- 2 su bardağı rendelenmiş kaşar peyniri
- Servis için salsa, ekşi krema ve Guacamole

TALİMATLAR:

a) Fırını önceden 300°F'ye ısıtın.
b) 2 litrelik bir tencerede, iki kutu fasulyeyi 2 ila 3 yemek kaşığı suyla karıştırın ve kısık ateşte kaynamaya bırakın.
c) Fasulyeler pişerken sote tavasını orta ateşte ısıtın ve 6 yemek kaşığı Yağ ekleyin. Yağı 30 saniye kadar ısıtın, ardından soğanı ekleyin ve altın rengi kahverengi olana kadar yaklaşık 8 dakika soteleyin.
d) Soğan pişerken rendelenmiş kabakları 1 çay kaşığı tuzla birlikte bir kevgir içerisine atın ve fazla suyunu sıkın. Bir kenara koyun.
e) Sotelenmiş soğanlara dolmalık biberi ekleyin ve birkaç dakika pişirin, ardından mantarları, kabakları ve patatesleri ekleyin.
f) Üzerine kırmızı biber, kimyon ve kırmızı biber serpin ve mantarlar suyunu bırakıncaya kadar yaklaşık 5 dakika pişirin.
g) Sebze karışımını ocaktan alın ve kalan 1 çay kaşığı tuzu ekleyin. Pişmiş pirinci sebze karışımına ekleyin ve birleştirmek için karıştırın.
h) Her tortillaya bir kaşık dolusu fasulyeyi yayın. Daha sonra ortasına bir kaşık dolusu sebze ve pirinci, üstüne de küçük bir tutam peynir koyun.
i) Katlamak için tortillanın alt kenarını dolgunun üzerine getirin, ardından yanlarını içeri sokun ve tortillanın üst kenarıyla örtün.
j) Mümkün oldeğunca az dolumun döküldüğü bağımsız bir paket istiyorsunuz.
k) Börekleri bir cam fırın tepsisine yerleştirin ve 20 küçük börek elde edene veya iç malzeme bitene kadar işlemi tekrarlayın.
l) Börekleri yağla yağlayın ve tortillalar altın rengi kahverengi olana kadar 10 dakika pişirin.
m) Salsa, ekşi krema ve Guacamole ile servis yapın.

40.Fasulye ve TVP burritoları

yapar: 10 porsiyon

İÇİNDEKİLER:
- 10 (10 inç) ekmeği veya chapatis
- 1 su bardağı kurutulmuş barbunya fasulyesi, ıslatılmış
- 3 bardak suda bir gece
- 1 Defne yaprağı
- 3 diş sarımsak, kıyılmış
- ½ fincan TVP granülleri veya pulları
- ½ su bardağı (1 T.den az) sıcak su
- 2 çay kaşığı biber tozu
- 1 çay kaşığı kimyon
- 1 çay kaşığı Tuz
- ½ çay kaşığı Kekik
- 1 yemek kaşığı Zeytinyağı
- 1 su bardağı soğan, doğranmış

TALİMATLAR:

a) Fasulyeleri süzün, durulayın ve 3 bardak suda defne yaprağı ve sarımsakla birlikte yumuşayana kadar (70-90 dakika) pişirin.

b) Fasulyeleri boşaltın, ancak daha sonra dolgu karışımını inceltmek için gerekli olması durumunda sıvıyı saklayın.

c) TVP, sıcak su, sıcak fasulye sıvısı, kırmızı biber tozu, kimyon, tuz ve kekiği birleştirin.

d) İyi büyüklükte bir tavada soğanı zeytinyağında yumuşayıncaya kadar soteleyin.

e) Tecrübeli TVP'yi ekleyin ve birkaç dakika daha pişirin. Pişmiş fasulyeleri karıştırın, ardından karışımı bir mutfak robotuna veya karıştırıcıya aktarın ve oldukça pürüzsüz dokulu bir dolgu elde edinceye kadar ezin; karışım çok kalınsa biraz fasulye sıvısı ekleyin.

f) İsterseniz tadın ve biraz acı sos ekleyin. Bir karıştırıcıda yapılırsa, bunu iki parti halinde yapmanız, ardından partileri birbirine karıştırmanız gerekebilir.

g) Birleştirmek için: yüzeyde birkaç damla su dans edinceye kadar bir tavayı veya tavayı ısıtın.

h) Tortillanın yüzeyi kabarmaya ve hafifçe kahverengileşmeye başlayana kadar her tortillayı her iki taraftan da kuru olarak kızartın. Onları kalın bir havluyla sıcak tutun. Hepsi ısıtıldığında, tortillanın bir tarafına yaklaşık ⅓ bardak dolum koyun ve yuvarlayın.

i) Kıyılmış marul, rendelenmiş soya peyniri, salsa sosu veya dilimlenmiş avokadodan oluşan garnitürlerle servis edebilir veya servis edebilirsiniz.

j) Burritolar servis edilmeden önce hazırlanabilir, sarılabilir ve pişirilebilir.

k) Ambalajını açın, kurabiye kağıdına yerleştirin, isterseniz üstlerini hafifçe yağla fırçalayın ve 350 derecede yaklaşık 20 dakika pişirin.

41. Fasulye börek güveç

yapar: 6 porsiyon

İÇİNDEKİLER:
- 2 su bardağı domates sosu
- 3 bardak su
- ¼ çay kaşığı Sarımsak tozu
- 5 su bardağı Pinto fasulyesi; püre
- 1 su bardağı Yeşil soğan; pişmiş
- ½ çay kaşığı Soğan tozu
- 3 yemek kaşığı biber tozu
- 4 yemek kaşığı Mısır nişastası veya ararot
- ½ su bardağı Siyah zeytin; doğranmış
- 12 Tam buğday ekmeği

TALİMATLAR:
a) Sos: Tüm sos malzemelerini bir tencerede birleştirin.
b) Karışım kaynayıp koyulaşana kadar sürekli karıştırarak yaklaşık 7 dakika pişirin.
c) Güveç: Güveç malzemelerini ayrı kaselere koyun.
d) Birleştirmek için: Kapalı bir güveç kabının dibine 1 bardak sos yayın. Her tortillayı fasulye, yeşil soğan ve zeytin karışımıyla doldurun. Rulo yapın ve dikiş kısmı alta gelecek şekilde güveç kabına yerleştirin. Kalan sosu, sardığınız tortillaların üzerine dökün. Kapağını kapatıp 350 derecede 30 dakika pişirin.

42.Salsa mexicana ile fasulyeli burrito

Yapım: 10 Burrito

İÇİNDEKİLER:
- 10 Un ekmeği
- 2½ bardak Kuru barbunya fasulyesi
- 6 bardak Su
- 2 orta boy Soğan; doğranmış
- 1 tutam Tuz (isteğe bağlı)
- 1½ orta boy Olgun domates; doğranmış
- ¼ bardak doğranmış jalapeno biber
- ½ orta boy Soğan; doğranmış
- 1 yemek kaşığı kıyılmış taze kişniş (kişniş)
- 1 Yeşil soğan; doğranmış

TALİMATLAR:
a) Fasulyeleri yıkayıp süzün. Büyük bir tencerede fasulyeleri, suyu, soğanı ve tuzu kaynatın.
b) Ateşi kısın, kapağını kapatın ve gerekirse daha fazla su ekleyerek, fasulyeler yumuşayana ve kolayca ezilene kadar (yaklaşık 3 saat) pişirin.
c) Salsa için gerekli malzemeleri küçük bir kasede karıştırın. Bir kenara koyun.
d) Fasulyeleri boşaltın ve patates ezici veya elektrikli karıştırıcıyla ezin.
e) Fırını 350 dereceye kadar önceden ısıtın. Ekmeği folyoya sarın ve fırında 8 ila 10 dakika ısıtın.
f) Fasulye karışımının bir kısmını her tortillaya dökün, üstüne yeşil soğan ve salsa ekleyin ve bir börek haline getirin.

43.Siyah fasulye ve papaya burritoları

Yapım: 4 Porsiyon

İÇİNDEKİLER:
- 4 Derisiz, kemiksiz tavuk
- 1 Göğüs yarısı (toplam 12 oz)
- 1 su bardağı tavuk suyu veya su
- 1 Defne yaprağı
- ½ çay kaşığı öğütülmüş kimyon
- 8 10 inç un ekmeği
- ½ su bardağı doğranmış soğan
- 1 yemek kaşığı Yemeklik yağ
- 1 kutu (15 oz) siyah fasulye veya pinto
- 1 Fasulye, durulanmış ve süzülmüş
- 1 Veya 2 jalapeno veya serrano biberi, s
- 1 Olgun orta boy papaya, çekirdekleri çıkarılmış,
- 1 Soyulmuş ve ince dilimlenmiş,
- 1 veya 2 portakal soyulmuş ve
- 1 Bölümlü
- 1 bardak Rendelenmiş Monterey jakı veya
- 1 Mozzarella peyniri (4 ons)
- ¼ fincan doğranmış taze kişniş veya
- 1 Maydanoz
- 1 Salsa (isteğe bağlı)

TALİMATLAR:
a) Tavuk göğsünü, et suyunu veya suyu, defne yaprağını ve kimyonu orta boy bir tavaya koyun. Kaynamaya getirin, ısıyı azaltın. 15 ila 20 dakika veya tavuk yumuşayıncaya ve artık pembeleşmeyene kadar kapağı kapalı olarak pişirin.
b) Boşaltın, suyu ayırın. Tavukları soğuyana kadar bekletin. Tavuğu uzun, ince şeritlere ayırmak için bir çatal kullanın. Bir kenara koyun. Defne yaprağını et suyundan çıkarın. Tortillaları üst üste koyun ve folyoya sıkıca sarın. Yumuşatmak için 350 derecelik fırında 10 dakika ısıtın.
c) Bu arada büyük bir tavada doğranmış soğanı sıcak yağda yumuşayana kadar pişirin; ama kahverengi değil.
d) Fasulyeleri dikkatlice ekleyin; jalapeno, serrano veya konserve biber; ve ¼ bardak ayrılmış et suyu.
e) Tahta kaşık veya patates ezici yardımıyla fasulyeleri tavada püre haline getirin (Karışım koyu kıvamlı olmalıdır.) Ocaktan alın.

f) Her tortillanın ortasına 2 ila 3 yemek kaşığı fasulye karışımını yayın. Her birinin üstüne biraz tavuk ekleyin; papaya veya portakal; Rendelenmiş peynir; ve kişniş veya maydanoz.
g) Her bir tortillanın kenarlarını dolgunun üzerine katlayın, üst üste bindirin ve bir koni şekli oluşturun. Kürdanla sabitleyin.
h) Burritoları bir fırın tepsisine dizin. Folyo ile hafifçe örtün.
i) 350 derece F'lik bir fırında 15 ila 20 dakika veya burritolar tamamen ısıtılıncaya kadar pişirin.
j) İstenirse salsa ile servis yapın ve kiraz domates ve kekik dallarıyla süsleyin.

44. Burrito ranchero

Yapım: 6 Porsiyon

İÇİNDEKİLER:

- 1 3-4 lb sığır eti kızartması
- 2 yemek kaşığı biber tozu
- 1 çay kaşığı Kekik
- ¼ çay kaşığı öğütülmüş kimyon
- 2 diş sarımsak; bir presle ezildi
- 1 Anaheim şili veya
- Diğer yarı sıcak yeşil şili; tohumlanmış ve doğranmış
- 2 orta boy Soğan; doğranmış
- 28 ons Soyulmuş domatesleri kesebilir; drenajsız
- 30 ons Can biber fasulyesi; süzülmüş
- 2½ ila 3 T. çabuk karışan un
- 3 yemek kaşığı; soğuk su
- 6 Un ekmeği; ısındı
- 1 su bardağı Çedar peyniri (4 oz); rendelenmiş
- Guacamole Yüce
- ¾ bardak ekşi krema
- 2 adet olgun avokado
- ½ çay kaşığı Baharatlı tuz
- 1 diş sarımsak; kıyılmış
- 1 çay kaşığı Taze kişniş (isteğe bağlı)
- 2 yemek kaşığı Taze limon suyu

TALİMATLAR:

a) 6 litrelik Hollanda fırınında, yüksek ateşte her iki tarafı da kahverengi sığır eti. Biber tozu, kekik, kimyon, sarımsak, şili ve soğan ekleyin.

b) Domatesleri sıvılarıyla birlikte karıştırın. Kaynamaya kadar ısıtın; ısıyı en aza indirin ve 2-½ ila 3 saat veya et parçalanıncaya kadar pişirin.

c) Eti pişirme sıvısından çıkarın ve kolayca işlenecek kadar soğuyana kadar bekletin.

d) Fasulyeyi ekleyin. Un ve soğuk suyu karıştırıp tenceredeki sıvıya karıştırın. Kaynayana kadar ısıtın, karıştırın. Isıyı en aza indirin ve 5 dakika pişirin.

e) Her tortillanın ortasına et ve fasulye karışımından bir miktar kaşık koyun.

f) Uçlarını katlayın ve yuvarlayın. Dikiş tarafı aşağı bakacak şekilde bir tabağa yerleştirin ve üzerine daha fazla sıcak et karışımı ekleyin.

g) Üzerine peynir, Guacamole Supreme ve ekşi krema ekleyin.

GUACAMOL YÜKSEK:

h) Avokadoları çatal yardımıyla ezin. Tecrübeli tuz, sarımsak, kullanılmışsa taze kişniş ve 2 yemek kaşığı taze limon suyunu karıştırın.

45.Kişniş (kişniş börek)

Yapım: 30 Porsiyon

İÇİNDEKİLER:
- ½ pound Kuru siyah fasulye
- ½ pound Kuru barbunya fasulyesi
- Yarım kilo Kuru barbunya fasulyesi
- 30 Tortilla kabuğu
- 10 Taze soğan; kıyılmış
- ¾ pound Mantar; kıyılmış
- 2 Cubanelle biberi; kıyılmış
- ½ paket Tam buğdaylı kuskus; pişmiş
- Habanero bazlı acı sos
- Limon suyu
- Kırmızı biber salçası veya tabasco
- Kişniş
- 1 yemek kaşığı Habanero sosu
- 2 yemek kaşığı kırmızı biber salçası
- 1 yemek kaşığı kimyon
- 1 yemek kaşığı Limon suyu
- 1 yemek kaşığı Tereyağı

TALİMATLAR:
a) Fasulyeleri bir gece önceden ıslatın, yumuşayıncaya kadar haşlayın.
b) Habanero sosu, kırmızı biber salçası, kimyon ve limon suyunu ekleyin.
c) Büyük bir Teflon tavaya şunu ekleyin: 1 yemek kaşığı tereyağı ekleyin/
d) Isıtın, ardından mantarları ve küpleri içinde pişirin.
e) Mantar/biber için ayrı karıştırma kaseleri alın; taze soğan; kişniş, kuskus ve bir tane su için, bir tane de fasulye karışımı için.
f) Bir tortilla alın ve onu 35 saniye boyunca yüksek hızda patlatın. Çıkarın, tahta kasap bloğunun üzerine koyun, suyla yayın, ters çevirin, suyla yayın. Her iki tarafta da bir avuç dolusu su kullanıyorum.
g) Şimdi 2-3 tepeleme çay kaşığı fasulyeyi bir kenardan ⅓ oranında bir çizgi halinde koyun.
h) 1 çay kaşığı kişniş, yeşil soğan, mantar ve 1 yemek kaşığı ekleyin. kuskus. Bir kez yuvarlayın, kenarları katlayın, yuvarlamayı bitirin.

46. Akdeniz Burritosu

Yapar: 2

İÇİNDEKİLER:
- 2 buğday ekmeği
- 2 ons kırmızı barbunya fasulyesi, konserve, süzülmüş
- 2 yemek kaşığı humus
- 2 çay kaşığı tahin sosu
- 1 salatalık
- 2 marul yaprağı
- 1 yemek kaşığı limon suyu
- 1 çay kaşığı zeytinyağı
- ½ çay kaşığı kurutulmuş kekik

TALİMATLAR:
a) Kırmızı barbunya fasulyesini püre haline gelinceye kadar ezin.
b) Daha sonra buğday tortillalarını bir tarafına fasulye püresiyle yayın.
c) Humus ve tahin sosunu ekleyin.
d) Salatalıkları dilimler halinde kesin ve tahin sosunun üzerine yerleştirin.
e) Daha sonra marul yapraklarını ekleyin.
f) Sosu hazırlayın: zeytinyağı, kurutulmuş kekik ve limon suyunu karıştırın.
g) Marul yapraklarını sosla gezdirin ve buğday ekmeğini burrito şeklinde sarın.

47.Mikrodalga siyah fasulyeli burrito

Yapım: 2 porsiyon

İÇİNDEKİLER:
- 2 çay kaşığı Bitkisel yağ
- 1 küçük Soğan, ince doğranmış
- 1 küçük Jalapeno biberi, çekirdekleri çıkarılmış, ince doğranmış
- 1 diş sarımsak, kıyılmış
- ¼ çay kaşığı öğütülmüş kimyon
- ¼ çay kaşığı Kurutulmuş kekik
- ¼ çay kaşığı biber tozu
- 1 tutam Öğütülmüş kişniş tohumu
- 16 ons Siyah fasulye, durulanmış, süzülmüş
- 3 yemek kaşığı Su
- Tuz
- Tatmak için taze çekilmiş karabiber
- ½ Avokado, çekirdeği çıkarılmış, soyulmuş, doğranmış
- 1 Erik domates, doğranmış
- 1 Yeşil soğan, kıyılmış
- 1 yemek kaşığı kıyılmış taze kişniş (kişniş)
- 2 çay kaşığı Taze limon suyu
- 1 tutam rendelenmiş limon kabuğu rendesi
- 4 Un ekmeği, ısıtılmış
- Garnitürler: rendelenmiş marul, dilimlenmiş kırmızı soğan, rendelenmiş Monterey Jack peyniri ve ekşi krema.

TALİMATLAR:

a) 9 inçlik cam pasta tabağında yağı, soğanı, jalapeno ve sarımsağı birlikte karıştırın.
b) Havalandırma için bir köşeyi açık bırakarak plastik ambalajla örtün.
c) HICH gücünde mikrodalga 1 dakika. Kimyon, kekik, kırmızı toz biber ve öğütülmüş kişnişi ekleyip karıştırın; mikrodalga, üstü kapalı ve havalandırılmış, 1 dakika.
d) Fasulyeyi ve suyu karıştırın; mikrodalga, üstü kapalı ve havalandırılmış, 2 dakika.
e) ½ fincan fasulye karışımını blender veya mutfak robotuna aktarın ve püre haline getirin. Kalan fasulyeleri tekrar karıştırın.
f) Tuz ve karabiberle tatlandırın.
g) Avokado, domates, yeşil soğan, taze kişniş, limon suyu ve kabuğu rendesini küçük bir kasede birleştirin. Salsayı tuz ve karabiberle tatlandırın.
h) Servis edilmeye hazır olduğunda, mikrodalga çekirdekleri kapatılır ve havalandırılır, çok sıcak olana kadar 1-3 dakika.
i) Fasulyeyi tortilla, salsa ve garnitürlerle servis edin.

48.Siyah Fasulye ve Mısır Burritoları

4 burrito yapar

İÇİNDEKİLER:
- 1 yemek kaşığı zeytinyağı
- 1/2 su bardağı doğranmış soğan
- 11/2 su bardağı pişmiş veya 1 (15,5 ons) kutu siyah fasulye, süzülmüş ve durulanmış
- 1/2 bardak domates salsa
- 4 (10 inç) un ekmeği, ısıtılmış

TALİMATLAR:
a) Bir tencerede yağı orta ateşte ısıtın. Soğanı ekleyin, kapağını kapatın ve yumuşayana kadar yaklaşık 5 dakika pişirin. Fasulyeleri ekleyip parçalanıncaya kadar ezin.

b) Birleştirmek için karıştırarak mısır ve salsayı ekleyin. Fasulye karışımı sıcak olana kadar yaklaşık 5 dakika karıştırarak pişirin.

c) Burritoları hazırlamak için 1 tortillayı çalışma yüzeyine koyun ve dolgunun yaklaşık 1/2 fincanını kaşıklayın.

d) Karışımı merkeze doğru indirin. Kenarlarından içe doğru kıvırarak sıkıca sarın. Kalan malzemelerle tekrarlayın. Dikiş tarafı aşağı bakacak şekilde servis yapın.

49.Kırmızı Fasulyeli Burrito

4 burrito yapar

İÇİNDEKİLER:
- 1 yemek kaşığı zeytinyağı
- 1 orta boy soğan, doğranmış
- 1 orta boy kırmızı dolmalık biber, doğranmış
- 1 1/2 su bardağı pişmiş veya 1 kutu (15,5 ons) koyu kırmızı barbunya fasulyesi, süzülmüş ve durulanmış
- 1 bardak domates salsa
- 4 (10 inç) un ekmeği, ısıtılmış
- 1 su bardağı sıcak pişmiş pirinç
- 1 olgun Hass avokado, çekirdekleri çıkarılmış, soyulmuş ve 1/4-inç dilimler halinde kesilmiş

TALİMATLAR:
a) Orta boy bir tencerede, yağı orta ateşte ısıtın. Soğanı ve dolmalık biberi ekleyin, kapağını kapatın ve yumuşayana kadar yaklaşık 5 dakika pişirin. Fasulyeleri ve salsayı ekleyin ve birleştirmek için karıştırarak pişirin. Fasulyeleri sıcak olana kadar karıştırırken ezerek pişirin.
b) Burritoları hazırlamak için 1 tortillayı çalışma yüzeyine koyun ve yaklaşık 1/2 fincan fasulyeyi kaşıklayın.
c) Karışımı merkeze doğru indirin. Üzerine pirinci ekleyin, ardından avokado dilimleri ve istenirse ekstra salsa ekleyin. Kenarlarından içe doğru kıvırarak sıkıca sarın. Kalan malzemelerle tekrarlayın. Dikiş tarafı aşağı bakacak şekilde servis yapın.

50.Burrito ısırıkları

İÇİNDEKİLER:

- 1 kutu doğranmış domates
- 1 su bardağı hazır pirinç
- ⅓ bardak Su
- 1 Yeşil biber, doğranmış
- 2 Yeşil soğan, dilimlenmiş
- 2 su bardağı rendelenmiş kaşar peyniri, bölünmüş
- 1 kutu Çiftlik Tarzı Kızarmış Fasulye (16 oz)
- 10 Un ekmeği (6-7")
- 1 bardak salsa

TALİMATLAR:

a) Fırını 350'F'ye önceden ısıtın. 9x12 inçlik bir pişirme kabına PAM püskürtün; bir kenara koyun.

b) Orta boy bir tencerede pirinç ve suyu birleştirin; kaynatıncaya kadar ısıtın.

c) Isıyı azaltın, örtün ve 1 dakika pişirin. Ateşten alın ve 5 dakika veya tüm sıvı emilene kadar bekletin. Biber, soğan ve 1 su bardağı peyniri karıştırın.

d) Yaklaşık 3 yemek kaşığı fasulyeyi her tortillaya kenardan ⅛" mesafeye kadar yayın. Pirinç karışımını fasulyelerin üzerine katlayın; yuvarlayın. Ek yeri aşağı bakacak şekilde hazırlanmış pişirme kabına yerleştirin; folyoyla örtün.

e) Önceden ısıtılmış fırında 25 dakika veya sıcak olana kadar pişirin. Tortillaları 4 parçaya bölüp tabağa dizin. Üstüne salsa ve peynir ekleyin. Üstüne salsa ve peynir ekleyin. Fırına dönün ve 5 dakika veya peynir eriyene kadar pişirin.

51.İspanyol Burritoları

6 yapar

İÇİNDEKİLER:
- Mısır – 1 kutu
- Siyah fasulye – 1 kutu
- deniz tuzu – 0,5 çay kaşığı
- Kırmızı biber – 1 çay kaşığı
- Kimyon – 1 çay kaşığı
- Kırmızı biber, füme – 0,5 çay kaşığı
- Dilimlenmiş yeşil soğan – 2
- Limon suyu – 2 çay kaşığı
- Kişniş, doğranmış – 0,5 su bardağı
- karabiber, öğütülmüş – 0,25 çay kaşığı
- Un ekmeği, büyük – 6
- Guacamole – 1 bardak
- Marul, rendelenmiş – 3 bardak
- Kahverengi pirinç, pişmiş – 3 su bardağı
- Salsa – 1 bardak
- Vegan peynir parçaları – 0,5 su bardağı

TALİMATLAR:
a) Hem mısırı hem de siyah fasulyeyi boşaltın ve ardından siyah fasulyeyi iyice durulayın.
b) Her iki kutu yemeği de bir kaseye ekleyin ve yeşil soğanı, kişnişi, limon suyunu, deniz tuzunu ve baharatları karıştırın.
c) Tortillaları yerleştirin ve her tortillanın ortasına pirinç ekleyin. Pirinçten sonra fasulye ve mısır karışımını, marul, salsa, vegan peynir parçalarını ve guacamoleyi ekleyin.
d) Yiyeceklerin düşmesini önlemek için tortillaların uçlarını katlayın ve ardından yanlarını yukarı doğru yuvarlayın.
e) Burritoları hemen servis edin veya plastik örtüye sarın ve dondurun.

52.Tatlı Patates ve Yumurtalı Burrito

İÇİNDEKİLER:
PATATES İÇİN
- 1 su bardağı (235 ml) su veya sebze suyu
- 1/2 pound (227 g) tatlı patates, soyulmuş ve küçük küpler halinde kesilmiş
- Kaşer veya ince deniz tuzu ve taze çekilmiş karabiber
- Dolgu için
- 2 yemek kaşığı (30 ml) zeytinyağı veya bitkisel yağ (bölünmüş)
- 1/2 soğan, ince doğranmış
- 1/2 kırmızı dolmalık biber, çekirdeği çıkarılmış ve ince doğranmış
- 1 çay kaşığı chipotle tozu
- 1 bardak (240 g) konserve glutensiz siyah fasulye, durulanmış ve süzülmüş
- 6 büyük yumurta

MONTAJ İÇİN
- 4 büyük glutensiz ekmeği
- 1/2 bardak (120 g) tomatillo, salsa Verde, salsa Roja veya pico de gallo gibi glutensiz salsa
- 1 su bardağı (120 gr) rendelenmiş Monterey Jack, Pepper Jack veya Colby peyniri
- Taze sıkılmış limon suyu Taze kişniş yaprakları, doğranmış

TALİMATLAR:
PATATES
a) Suyu elektrikli düdüklü tencerenizin iç kabının dibine dökün.
b) Tencereye bir buhar sepeti yerleştirin ve patatesleri sepete koyun. Buhar tahliye kolunun sızdırmazlık konumunda olduğundan emin olarak kapağı kapatın ve kilitleyin. Yüksek basınçta 2 dakika pişirin.
c) Doğal olarak basıncı 2 dakika boyunca serbest bırakın, ardından buhar tahliye kolunu havalandırma konumuna çevirerek kalan basıncı hızla serbest bırakın. İptal'e basın. Kapağın kilidini açın ve dikkatlice açın.
d) Patatesleri tencereden çıkarın, tuz ve karabiberle tatlandırın, bir kenara koyun ve sıcak tutun. Patatesler bir gün önceden pişirilebilir ve yumurtaları pişirmeden ve burritoları birleştirmeden önce yeniden ısıtılabilir.

DOLGU
e) Patatesler pişerken 25 cm'lik (10 inç) bir tavada 1 çorba kaşığı (15 ml) yağı ısıtın ve soğanı ve biberi 5 dakika hafifçe yumuşayana kadar pişirin.

f) Chipotle tozunu ve fasulyeleri tavaya ekleyerek ısıtın. Sebzeleri bir kaseye aktarmak için delikli bir kaşık kullanın ve sıcak tutmak için üzerini örtün.

g) Kalan 1 yemek kaşığı (15 ml) yağı tavaya ekleyin. Yumurtaları bir kasede karışana kadar çırpın, ardından tavaya dökün ve sürekli karıştırarak koyulaşıncaya kadar pişirin.

h) Tavayı ocaktan alın. Bir spatula kullanarak yumurtaları küçük parçalar halinde doğrayın. Fasulyeleri ve sebzeleri yumurtalara karıştırın ve sıcak tutun.

TOPLANTI

i) Tortillaları hafifçe ısıtın ve her birinin üzerine patateslerin dörtte birini ve yumurtaların dörtte birini koyun. Üzerine 2 yemek kaşığı (30 gr) salsa ve yaklaşık 1/4 bardak (30 gr) rendelenmiş peynir ekleyin.

j) Biraz limon suyu ve biraz kişniş serpin, dikkatlice yuvarlayın ve sıcakken servis yapın. Eğer narinse ve yırtılmaya yatkınsa çatalla yiyin.

53.Fasulye ve mısır burritoları

Yapım: 4 Porsiyon

İÇİNDEKİLER:
- 1 Sebze pişirme spreyi
- ½ bardak Soğan – doğranmış
- ¼ bardak Yeşil biber – doğranmış
- 1 çay kaşığı Jalapeno Biber Turşusu, Kıyılmış
- 1 çay kaşığı öğütülmüş kimyon
- ⅛ çay kaşığı öğütülmüş beyaz biber
- 16 ons Açık kırmızı barbunya fasulyesi, Süzülmüş ve püre haline getirilmiş
- ½ bardak Dondurulmuş bütün taneli mısır -
- 1 Çözülmüş ve süzülmüş
- 4 8 inçlik un ekmeği
- ¾ fincan Kıyılmış yağı azaltılmış keskin
- 1 Çedar peyniri
- 1 bardak Ticari orta boy salsa
- ¼ bardak Yağsız ekşi krema
- 1 jalapeno biber dilimleri
- 1 taze kişniş dalı

TALİMATLAR:

a) Küçük yapışmaz bir tavayı pişirme spreyi ile kaplayın; sıcak olana kadar orta ateşte koyun. Soğanı, yeşil biberi, jalapeno biberini ve sarımsağı ekleyin; yumuşayana kadar soteleyin. Kimyon ve beyaz biberi ekleyip karıştırın.

b) Sürekli karıştırarak 1 dakika pişirin. Ateşten alın; fasulye püresini ve mısırı karıştırın. ½ bardak fasulye karışımını her tortilla yüzeyine eşit şekilde yayın.

c) Her tortillanın ortasına 3 yemek kaşığı peynir serpin.

d) Ekmeği yuvarlayın ve orta boy bir fırın tepsisine dikiş tarafı aşağı bakacak şekilde yerleştirin.

e) 425°'de 7 ila 8 dakika veya tamamen ısıtılıncaya kadar pişirin.

f) Her porsiyon için, her bir burritonun üzerine ¼ fincan salsa ve 1 çorba kaşığı ekşi krema ekleyin. İstenirse jalapeno biber dilimleri ve taze kişniş dallarıyla süsleyin.

54.Fiesta fasulyeli börek

Yapım: 1 Porsiyon

İÇİNDEKİLER:
- ½ bardak vejetaryen fasulye
- 1 yemek kaşığı salsa
- 1 çay kaşığı kıyılmış kişniş, isteğe bağlı
- 1 Tam buğday tortillası

TALİMATLAR:
a) Fasulyeleri tortillanın üzerine yayın.
b) Kalan malzemeleri üzerine serpin.
c) Mikrodalgada ılık olana kadar yaklaşık 40 saniye ısıtın.
d) Tortillayı yuvarlayın ve karışımı bir börek haline getirin.

55.Sıcak yufka burritoları

yapar: 12 porsiyon

İÇİNDEKİLER:

- 8 Yeşil soğan
- 1 16 oz barbunya fasulyesi konservesi; durulanır ve süzülür
- 1 1,25 ons paket taco baharat karışımı
- 1 Jalapeno biberi
- 2 çay kaşığı salsa
- 16 yaprak dondurulmuş yufka hamuru; çözülmüş
- Sebze pişirme spreyi
- 1½ bardak Salsa

TALİMATLAR:

a) Soğanlardan yeşil üstleri kesin. Üstleri 1 dakikayı kaplayacak şekilde kaynar suda pişirin; boşaltmak. pişirme işlemini durdurmak için buzlu suya dalın; boşaltmak.

b) Her parçayı uzunlamasına 3 veya 4 şerit halinde kesin ve bir kenara koyun.

c) ½ fincan ölçüsüne yetecek kadar beyaz porsiyon doğrayın.

d) Kıyılmış beyaz kısmı, fasulyeleri ve sonraki 3 malzemeyi bir mutfak robotunda pürüzsüz hale gelinceye kadar işleyin, kenarları kazımak için durun; bir kenara koyun.

e) 1 yufkayı büyük bir kesme tahtası üzerine yerleştirin ve sebze pişirme spreyi ile kaplayın. Kalan yufkaları hafif nemli bir havluyla örtün. İlk sayfanın üzerine 3 tane daha yufka yaprağı istifleyin; her birini sebze pişirme spreyi ile kaplıyoruz.

f) Yığını uzunlamasına ikiye bölün ve her yarımı çapraz olarak üçe bölün. Her yığının 1 uzun kenarına yakın 1 çorba kaşığı fasulye karışımını kaşıklayın; aynı kenardan başlayarak yuvarlayın.

g) Ruloları her iki uçtan 1½ inç sıkıştırın ve yeşil soğan şeritleriyle bağlayın. Hafifçe yağlanmış fırın tepsisine dizin. Kalan yufka yığınları ve fasulye karışımıyla işlemi 3 kez tekrarlayın.

h) 400 ° F'de 10 ila 15 dakika veya altın rengi olana kadar pişirin; tel raflar üzerinde soğutun.

i) İlave salsa ile servis yapın.

56.Jiffy Meksika burritoları

Yapım: 4 Porsiyon

İÇİNDEKİLER:
- 16 ons Yağsız kızartılmış fasulye; konserve
- ⅓ bardak Salsa; veya su
- 4 9 inç un ekmeği
- 1 orta boy doğranmış domates
- 4 küçük Yeşil soğan; doğranmış
- ½ Yeşil dolmalık biber; doğranmış
- 1 su bardağı Az yağlı mozzarella peyniri; rendelenmiş
- Kıyılmış marul
- Salsa; veya taco sosu
- Az yağlı ekşi krema; isteğe bağlı

TALİMATLAR:
a) Fasulye ve salsa veya suyu birleştirin. İyice karıştırın. Fasulye karışımının yaklaşık ⅓ fincanını her bir tortilla üzerine ince bir şekilde yayın ve 1 inçlik bir kenarlık bırakın.
b) Tortillaların üzerine domates, yeşil soğan, yeşil biber ve peynirin yarısını serpin. 400F'de fırın.
c) Her tortillayı yuvarlayın ve dikiş tarafı aşağı gelecek şekilde hafifçe yağlanmış bir fırın tepsisine yerleştirin.
d) 400F fırında 10 dakika pişirin. Kalan peyniri serpin; 5 dakika daha uzun süre veya ısıtılıp peynir eriyene kadar pişirin. Veya üzerini mumlu kağıtla örtün ve mikrodalgayı orta-yüksek (yüzde 70) güçte 2 ila 4 dakika veya tamamen ısıtılıncaya kadar pişirin.
e) Burritoları rendelenmiş marulun üzerinde servis edin. Salsa veya taco sosunu ve ekşi kremayı (veya yoğurdu) ayrı ayrı geçirin.

57.Matzo börek güveç

Yapım: 4 Porsiyon

İÇİNDEKİLER:
- Salsa
- Yağsız kızartılmış fasulye
- Matzo
- Kırmızı ve yeşil biber
- Yeşil biber

TALİMATLAR:
a) Fırını önceden 350'ye ısıtın. Kare bir güveç kabında, matzo'nun yapışmasını önlemek için tavanın tabanına biraz salsa yayın.
b) FF kızartılmış fasulyeleri, tabağın altını kaplayacak kadar (bir kat) yeterli matzonun üzerine yayın.
c) Bir kat kırmızı ve yeşil dolmalık biber ve ardından yeniden kızartılmış fasulyeli bir kat matzo koyun.
d) Bunun üzerine bir kat yeşil biber, başka bir hamursuz ekmek ve biraz salsa ve tofu koyun.
e) Yaklaşık 15 dakika kadar fırında pişirin.
f) Matzolar tortilla gibi yumuşar ve bu çok iyi tasarruf sağlar.

58.Yabani mantarlı burrito

yapar: 6 porsiyon

İÇİNDEKİLER:
- 1 yemek kaşığı Kanola yağı
- 4 ons Taze shiitake mantarları; dilimlenmiş
- 4 ons İstiridye mantarı; dilimlenmiş
- 4 ons Düğme mantarları; dilimlenmiş
- 1 Kırmızı dolmalık biber; tohumlanmış ve doğranmış
- 2 diş sarımsak; kıyılmış
- 1 kutu (15 oz) siyah fasulye; süzülmüş
- 1 kutu (14 oz) mısır taneleri; süzülmüş
- 4 Bütün taze soğan; kesilmiş ve doğranmış
- 1 çay kaşığı öğütülmüş kimyon
- 1 Acı biber; doğranmış VEYA
- ½ çay kaşığı biber tozu
- 1 çay kaşığı Meksika kekiği
- 6 10 inçlik un ekmeği
- ¾ bardak Monterey Jack peyniri; rendelenmiş
- 1 su bardağı Domates salsa; veya en sevdiğin

TALİMATLAR:
a) Orta boy bir tencerede veya büyük yapışmaz tavada, yağı orta ateşte ısıtın. Mantarları, biberleri ve sarımsağı ekleyin ve yumuşayana kadar yaklaşık 7 dakika karıştırarak pişirin.
b) Fasulyeyi, mısırı, yeşil soğanı, kimyonu, acı biberi veya toz biberi ve Meksika kekiğini karıştırın ve karıştırarak 4 ila 6 dakika pişirin.
c) Bu arada, un tortillalarını sıcak bir ocakta veya tavada ısıtın ve büyük servis tabaklarına yerleştirin. Mantar karışımını her tortillanın ortasına kaşıkla dökün. Her dolguyu yaklaşık 2 yemek kaşığı peynirle doldurun; Tortillaları dolguların etrafında yuvarlayarak burrito yaratın.
d) En sevdiğiniz salsayı her böreğin üstüne kaşıkla dökün.
e) Yanında pilavla servis yapın.

59. Güveçte burrito

Yapım: 4 Porsiyon

İÇİNDEKİLER:
- 1 (10 oz.) kutu doğranmış Ortega biberi
- Kemiklerden et
- 1 su bardağı doğranmış soğan
- 2 (4 oz.) kutu domates sosu
- 2 pound Chuck kızartma

TALİMATLAR:
a) 2 lbs pişirmeye başlamadan önceki gece. güveçte kızartma (bütün gece pişirin). Sabah kemikleri çıkarın. Yukarıdakileri güveç kabına ekleyin.
b) Günün geri kalanında kısık ateşte pişirin. Karışımı un tortillalarına ekleyin.
c) Ayrıca kızartılmış fasulye, ekşi krema, etli rendelenmiş peynir ekleyin. Folyoya sarın ve 350 derecede 10 dakika pişirin.

60.Sığır eti ve peynirli burrito

Yapım: 2 Porsiyon

İÇİNDEKİLER:
- 4 ons Kıyma, yağsız
- 4 Yeşil soğan, dilimlenmiş
- 1 diş sarımsak, kıyılmış
- ½ bardak Salsa
- ½ su bardağı Az yağlı süzme peynir
- 1 çay kaşığı Mısır Nişastası
- ¼ çay kaşığı Kurutulmuş kekik. ezilmiş
- 2 Un ekmeği, 6 inç
- ¼ bardak Mozzarella peyniri, rendelenmiş

TALİMATLAR:
a) Kıymayı, soğanı ve sarımsağı küçük bir tencerede, sığır etinin pembeliği kaybolana ve soğanlar yumuşayana kadar pişirin. Yağları boşaltın.
b) 2 ton salsa, süzme peynir, mısır nişastası ve kekiği birleştirin. Tenceredeki et karışımına ekleyin.
c) Koyulaşana ve kabarcıklanana kadar pişirin ve karıştırın. 2 dakika daha pişirin ve karıştırın.
d) Et karışımını ekmeğin arasına bölün; yuvarlan.
e) Örtün ve sıcak tutun. Aynı tencerede kalan salsayı ısıtın. Burritoların üzerine dökün. Üzerine peynir ekleyin.

61.Sığır eti ve portakallı burrito

Yapım: 8 Porsiyon

İÇİNDEKİLER:
- 1 çay kaşığı Zeytinyağı
- 1 büyük soğan, doğranmış
- 1 büyük yeşil biber, doğranmış
- 3 diş sarımsak, ezilmiş
- 1 yemek kaşığı portakal kabuğu, rendelenmiş
- 2 çay kaşığı öğütülmüş kimyon
- 1 çay kaşığı biber tozu
- ¼ bardak portakal suyu
- 1 büyük yağsız kıyma, pişmiş ve süzülmüş

TALİMATLAR:
a) Büyük bir tavada soğanı, biberi, karanfili, portakal kabuğunu, kimyonu ve kırmızı biber tozunu yağda (ve gerekirse Pam'i) neredeyse yumuşayana kadar soteleyin. Portakal suyunu ekleyin ve sıvı buharlaşana kadar karıştırın.

b) Pişmiş ve süzülmüş kıymayı ekleyin ve tatlar birbirine karışana kadar yeterince uzun süre karıştırın.

c) Isıtılmış unlu tortillalar ve aşağıdaki malzemelerle servis yapın: doğranmış domates, rendelenmiş marul, rendelenmiş keskin çedar peyniri, ekşi krema, doğranmış yeşil soğan, salsa, kızartılmış fasulye, tabasco sosu, dilimlenmiş jalapenos.

62.Lahana Burritoları

İÇİNDEKİLER:

- 1 yeşil veya Çin lahanası (12 yaprak)
- 300 gr kıyma
- 1 diş sarımsak
- 400 ml doğranmış domates
- 1 yemek kaşığı domates püresi
- 1 yemek kaşığı taco otu
- 1 küçük kutu mısır
- 2 el rendelenmiş peynir
- 100 gr barbunya fasulyesi

TALİMATLAR:

a) Soğanı ve ardından sarımsağı yemeklik doğrayıp tavada kavurun.
b) Kıymayı ve ardından taco otlarını ekleyin. Bunu gevşek bir şekilde pişirin.
c) Domates püresini ve küplerini, ardından süzülmüş mısır ve barbunya fasulyesini ilave edip karıştırın. Bu börek dolgusunu birkaç dakika kaynamaya bırakın.
d) Bu arada suyu kaynatın.
e) Fırını 180 dereceye ısıtın. Lahana yapraklarını kesip (2 veya 3'er adet) tavada bir veya 2 dakika haşlayın ve ardından iyice süzün.
f) 2 lahana yaprağını hafifçe üst üste gelecek şekilde yan yana yerleştirin.
g) Bir tarafına börek dolgusunun bir kısmını kaşıkla dökün, biraz peynir serpin ve ardından dikkatlice yuvarlayın. Çok fazla zorlamayın.
h) Bunu lahana yapraklarının geri kalanıyla ve dolguyla tekrarlayın. Hepsi fırın tepsisindeyse, üzerlerine biraz ekstra peynir serpin.
i) Daha sonra pişirme kabını fırının içine yaklaşık 15 dakika kadar yerleştirin.
j) Karbonhidratları biraz pilavla servis edin.

63.Avokado soslu yan biftek börek

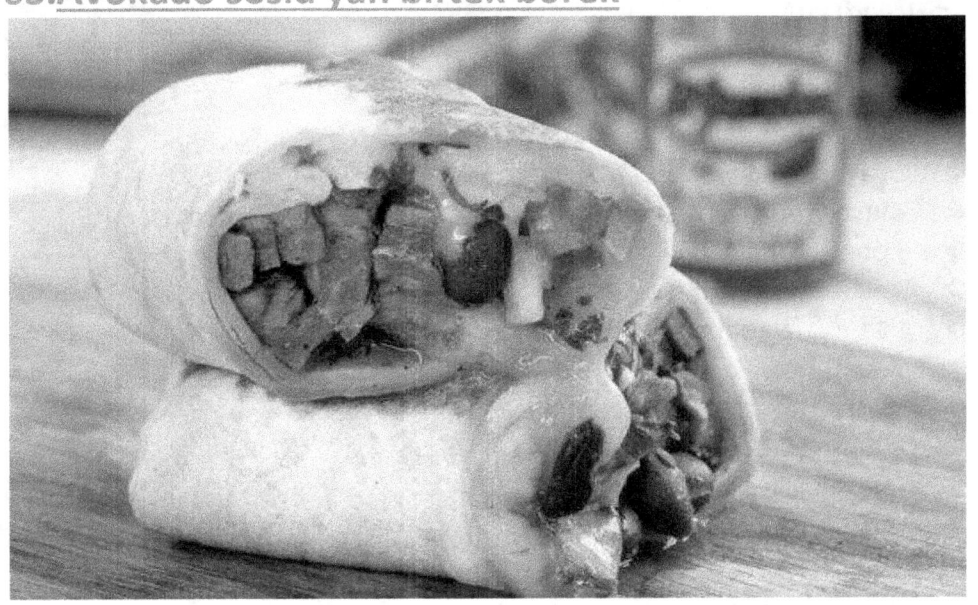

Yapım: 8 Porsiyon
İÇİNDEKİLER:
- 4½ pound Yan biftek
- 3 adet defne yaprağı
- 1 orta boy Beyaz soğan, ince doğranmış
- 1 çay kaşığı Karabiber
- 2 litre tavuk suyu
- 3 ons Zeytinyağı
- 3 orta boy Kırmızı soğan
- 1 11 oz. jalapeno biberi, çekirdeği çıkarılmış, kıyılmış
- 5 diş sarımsak, ince kıyılmış
- 12 ons Domates, doğranmış
- 2 yemek kaşığı Comino tohumu, ezilmiş
- Tatmak için tuz
- Tatmak için beyaz biber
- 4 ons Siyah veya yeşil zeytin, doğranmış
- 16 Un ekmeği
- 4 Avokado, soyulmuş, çekirdekleri çıkarılmış ve doğranmış
- 1½ yemek kaşığı Limon suyu
- 1½ yemek kaşığı Pirinç sirkesi
- 1 yemek kaşığı Taze kişniş, doğranmış
- 1 orta boy Kırmızı soğan, ince doğranmış
- ½ demet kıyılmış yeşil soğan
- Tatmak için tuz
- Tatmak için beyaz biber

TALİMATLAR:

a) Biftekleri defne yaprağı, beyaz soğan, karabiber ve et suyuyla birlikte 4 litrelik büyük bir tencereye yerleştirin. Hızlı bir kaynamaya getirin ve hafif kaynamaya bırakın.

b) Kanat bifteğini yumuşayana kadar pişirin. Gerekirse ilave et suyu ekleyin. Isıdan çıkarın ve soğutun.

c) Biftekleri küçük julienne dilimleri halinde kesin. Et suyunu atın.

d) Büyük yapışmaz tavada yağı kızdırın, doğranmış kırmızı soğanı, jalapeno ve sarımsağı ekleyin. Yarı saydam olana kadar soteleyin.

e) Domatesleri ekleyin, kısık ateşte 10 dakika kadar pişirin. Kişniş ve kimyon tohumunu ekleyin. İyice birleştirin ve jülyen doğranmış göğüs bifteğini ekleyin. Tadına göre tuz ve beyaz biber ekleyin. Zeytin ekleyin. İyice ısıtın ve ocaktan alın.

f) Unlu tortillaların içine eşit miktarda biftek dolgusunu doldurun. Silindir şeklinde katlayın ve Avokado Sosu ile servis yapın.

g) Avokado Sosu: Tüm malzemeleri iyice birleştirin, baharatlayın ve karışımı tıknaz tutun. Burritolarla servis yapın.

64.Kıyılmış sığır eti ile yeşil Şili börek

Yapım: 1 Porsiyon

İÇİNDEKİLER:
- 4 Un ekmeği
- 2 su bardağı Pinto fasulyesi; pişmiş ve biraz püre haline getirilmiş
- 1 su bardağı kıyılmış sığır eti
- 2 su bardağı Yeşil şili sosu
- 1 su bardağı Monterey jack peyniri; rendelenmiş
- 2½ pound Chuck kızartma veya üst tur
- Gerektiği kadar tuz
- Gerektiği kadar kekik
- Gerektiği kadar kırmızı şili tozu
- ½ Soğan; doğranmış
- 1 diş sarımsak; doğranmış
- 1 çay kaşığı Tuz

TALİMATLAR:
a) Her tortillanın yarısına ½ bardak barbunya fasulyesi koyun. Fasulyelerin üzerine ¼ bardak kıyılmış dana eti koyun.
b) Tortillaları yukarı doğru yuvarlayın ve her birini dikişleri aşağı gelecek şekilde ayrı bir servis yerine yerleştirin.
c) Her birini şili sosuyla kaplayın, üzerine peynir serpin.
d) Fırını önceden 350'ye ısıtın. Peynir eriyene ve sos kabarcıklar çıkana kadar burritoları pişirin.
e) Kıyılmış Sığır Eti: Nemli bir havluyla kızartmayı silin. Her iki tarafına da tuz, kekik ve kırmızı biber tozunu serpin. Baharatları iyice ovalayın.
f) Büyük, ağır bir güveçte, terbiyeli kızartmayı, soğanı ve sarımsağı yerleştirin. Yarısına kadar su ile doldurup kapağını kapatın.
g) Fırını önceden 250'ye ısıtın. Kızartmayı 6 saat pişirin. Son yarım saat boyunca ısıyı 325'e yükseltin. Gerekirse daha fazla su ekleyin. Kızartmayı çıkarın, parçalayın ve tuzla birlikte atın.

65.Yeşil Şili füme döş burrito

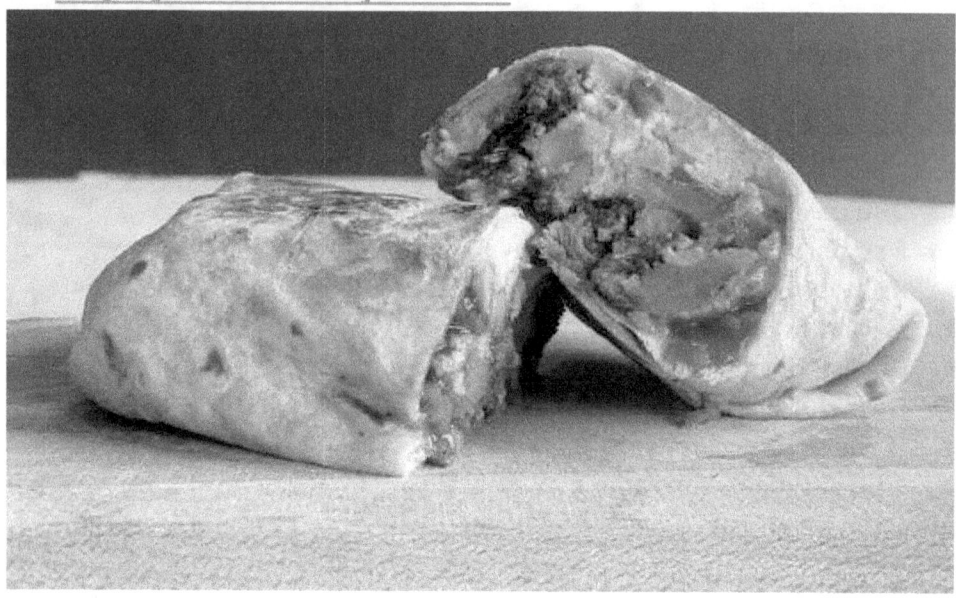

Yapım: 16 Porsiyon

İÇİNDEKİLER:
- 10 ons Yeşil biber; doğranmış
- 1 litre Kentucky Fried Chicken sosu
- 1 büyük dolmalık biber; doğranmış
- 1 büyük Soğan; doğranmış
- 1 bardak İyi salsa
- 1½ pound Füme dana göğüs eti; rendelenmiş
- 1 yemek kaşığı Sarımsak; pudra
- Tatmak için tuz
- 16 Büyük un ekmeği
- 1 pound Monterey Jack Peyniri; rendelenmiş

TALİMATLAR:
a) Büyük bir sos tavasında veya Hollandalı fırında yaklaşık 3 yemek kaşığı yağda dolmalık biber, soğan ve yeşil biberleri sarımsak tozuyla soteleyin.
b) Soğanlar ve dolmalık biberler yumuşayınca göğüs eti, salsa ve sos ekleyin.
c) Kısık ateşte ara sıra karıştırarak 30 dakika pişirin. Sık sık örnek alın.
d) Unlu tortillaya et karışımını ve peyniri kaşıkla dökün ve sarın.

66.Kamp Burritoları

İÇİNDEKİLER:
- 1 lb öğütülmüş sığır filetosu
- 1 su bardağı rendelenmiş kaşar peyniri
- 1 4 oz konserve salsa
- 10 büyük börek büyüklüğünde un ekmeği veya daha küçükse daha fazla
- 1 çay kaşığı öğütülmüş kimyon
- 1/4 çay kaşığı karabiber ve tuz
- 1 10 ons paket dondurulmuş ıspanak

TALİMATLAR:
a) Büyük bir tavada kıymayı kızartın.
b) Öğütülmüş kimyonu, tuzu, karabiberi ve salsayı ekleyin. Ispanak çözülmeli, içindeki sıvıyı mümkün olduğunca boşaltın.
c) Ispanağı ekleyin ve ısıtın.
d) Bu arada tortillaları düz bir ızgara veya tavada ısıtın. Tortillaları et karışımıyla doldurun, üzerine rendelenmiş peynir serpin ve yuvarlayın. Eğlence!

67.Kulüp börek

Şunun yapar: 1 sandviç

İÇİNDEKİLER:
- 1 dilim Şarküteri Usulü Hindi
- 1 dilim Şarküteri Usulü Jambon
- 1 dilim İsviçre Peyniri
- 1 Yumuşak Unlu Tortilla
- Kıyılmış marul
- Filizler

TALİMATLAR:
a) Tortillayı, peyniri, jambonu ve hindiyi, tortilla dışta olacak şekilde katlayın.
b) Ortasına biraz marul ve filiz koyun. İstenirse başka sebzeler ekleyin. Rulo yapın ve kürdanla sabitleyin.

68. Kıyılmış domuz eti ile fırında çıtır burrito

Yapım: 8 Porsiyon

İÇİNDEKİLER:
- 1½ pound Yağsız domuz eti; 2 inçlik parçalar halinde
- 3 su bardağı Sıcak su
- 3 yemek kaşığı Damıtılmış beyaz sirke
- ¼ bardak Yeşil biber; ince doğranmış
- 1 diş sarımsak
- ½ çay kaşığı Kurutulmuş kekik; Ufalanmış
- ½ çay kaşığı öğütülmüş kimyon
- Tuz
- 8 Un ekmeği; her biri 8 inç çapında
- ¼ bardak Tuzsuz tereyağı; eritilmiş VEYA margarin
- 2 su bardağı Çedar peyniri; rendelenmiş veya Monterey jack peyniri
- 1 su bardağı Kalın ekşi krema; (8 ons)
- Kase salsa ve guacamole

TALİMATLAR:
a) Büyük, kuru bir tavada, orta-yüksek ateşte, domuz etinin her tarafını 8 ila 10 dakika kadar kızartın. Sıcak suyu ekleyin, kızaran parçaları gevşetmek için tavanın altını karıştırın ve kaynatın. Isıyı en aza indirin, kapağını kapatın ve et yumuşayana kadar yaklaşık 1¼ saat pişirin.

b) Fırını 450F'ye önceden ısıtın. Kızartma tavasını açın, ısıyı en yükseğe çıkarın ve tüm suyun buharlaşması için kaynatın. Isıyı orta seviyeye düşürün ve sirkeyi, kırmızı biberi, sarımsağı, kekik ve kimyonu ekleyin. İyice karıştırın ve ocaktan alın. Tamamen soğumaya bırakın. Parmaklarınızı veya 2 çatalınızı kullanarak eti parçalayın.

c) Tuzlu sezon.

d) Her tortillanın her iki tarafını eritilmiş tereyağı veya margarinle fırçalayın. Her tortillanın ortasına eşit miktarda domuz eti karışımı koyun. Yanları üst üste gelecek şekilde katlayın, ardından dikişin üzerine dayanacak şekilde uçları katlayın.

e) Dikiş tarafı aşağı bakacak şekilde bir fırın tepsisine yerleştirin.

f) Altın rengi olana kadar 8 ila 10 dakika pişirin. Derhal servis yapın. Üzerine kaşıkla sürmek için yan tarafta ayrı kaselerde peynir, krema, salsa ve guacamole ile birlikte servis yapın.

69.Baharatlı börek bonanza

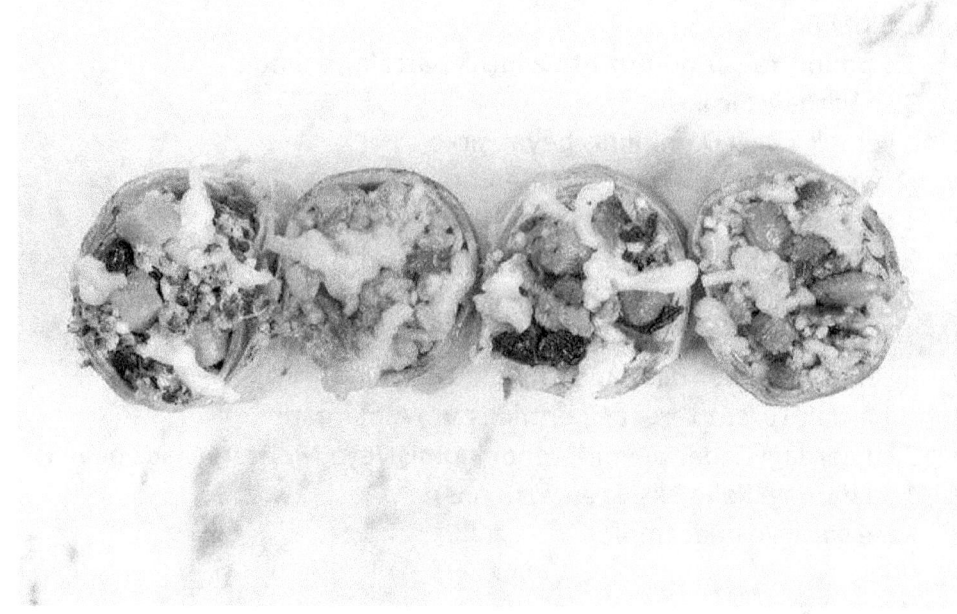

Yapım: 6 Porsiyon

İÇİNDEKİLER:
- ½ pound Kıyma
- ½ pound Baharatlı domuz sosisi
- 1 orta boy Domates; doğranmış
- ¼ bardak İnce dilimlenmiş yeşil soğan
- 1½ çay kaşığı biber tozu
- ½ çay kaşığı Sarımsak tozu
- 1 8 oz. yeniden kızartılmış fasulye konservesi
- 6 Un ekmeği; ısındı
- 1½ bardak rendelenmiş Monterey jack peyniri
- Kıyılmış marul

TALİMATLAR:

a) Büyük bir tavada, kahverengi kıyma ve sosis; boşaltmak. Domates, yeşil soğan, kırmızı biber ve sarımsak tozunu ekleyin; iyice karıştırın.

b) Kaynatın; ısıyı azaltın ve kapağın altında 10 dakika pişirin. Kızartılmış fasulyeleri ekleyin; 5 dakika ısıtın.

c) Her sıcak tortillaya ½ bardak et karışımını yayın. Üzerine bir serpme peynir ve marul ekleyin. Yanları katlayın ve dolguyu kapatmak için yuvarlayın.

70.Tayland domuz burritoları

Yapım: 4 Porsiyon

İÇİNDEKİLER:
- 1 pound Yağsız kıyma domuz eti
- 2 yemek kaşığı rendelenmiş taze zencefil kökü
- 1 diş sarımsak, ezilmiş
- 1 küçük Soğan, ince dilimlenmiş
- 2 bardak havuçlu Cole Lahana Salatası karışımı
- 1 çay kaşığı Susam yağı
- 3 yemek kaşığı Soya sosu
- 2 yemek kaşığı limon suyu
- 1 yemek kaşığı Bal
- 2 çay kaşığı Öğütülmüş kişniş
- ½ çay kaşığı Ezilmiş kırmızı biber
- 4 Un ekmeği, ısıtılmış
- Taze kişniş, doğranmış

TALİMATLAR:
a) Büyük yapışmaz tavayı yüksek ateşte ısıtın. Domuz eti ekleyin, pişirin, ufalayın ve domuz eti artık pembe olmayana kadar yaklaşık 3 ila 4 dakika karıştırın.

b) Zencefil, sarımsak, soğan ve lahana salatası karışımını ekleyin ve sebzeler solana kadar domuz etiyle birlikte 2 dakika karıştırarak kızartın.

c) Tortilla hariç kalan tüm malzemeleri küçük bir kapta birleştirin ve tavaya ekleyin. Tüm malzemeleri iyice karıştırmak için yaklaşık bir dakika kadar sürekli karıştırın.

d) Karışımdan eşit porsiyonları sıcak unlu tortillaların üzerine dökün, dolguyu kaplayacak şekilde yuvarlayın ve servis yapın.

71. Elma şarabı tereyağı soslu elmalı burrito

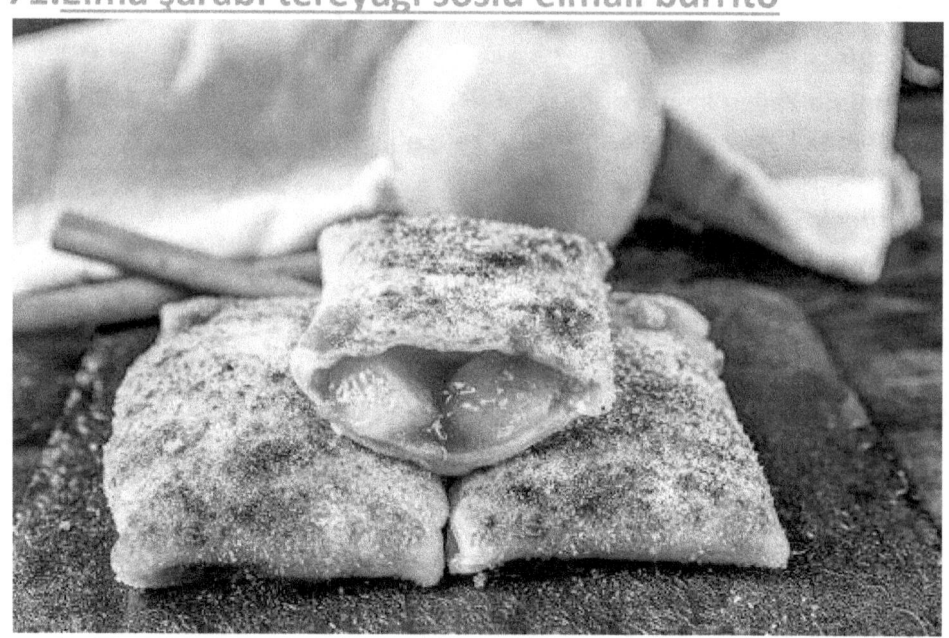

Yapım: 12 Porsiyon

İÇİNDEKİLER:
- 12 Granny Smith elması veya herhangi bir turta çeşidi
- 1 Limon
- 4 yemek kaşığı Tereyağı
- ½ su bardağı toz beyaz şeker
- Taze çekilmiş hindistan cevizi
- 1 Pırasa
- 1 Tarçın çubuğu; (1/2 inçlik parça)
- 1 litre elma şarabı
- 1 pound Tereyağı
- 1 Pırasa
- 12 Un ekmeği; (8 inç)
- 2 yemek kaşığı Tereyağı
- Krema; isteğe bağlı

TALİMATLAR:

a) Doldurmak için elmaları soyun ve çekirdeklerini çıkarın ve 1 inçlik parçalar halinde kesin. Limonun suyunu sıkın. Tereyağını büyük, tepkimeye girmeyen bir tavada eritin. Elmaları, limon suyunu, şekeri ve hindistan cevizini damak tadınıza göre ekleyin ve orta ateşte, ara sıra karıştırarak, elmalar yumuşak ama yumuşak olmayana kadar yaklaşık 15 dakika pişirin.

b) Elma Şarabı Tereyağı Sosu için, hem sos hem de garnitür için pırasayı ince jülyen şeritler halinde kesin, ½'sini garnitür için ayırın. Tarçın çubuğunu parçalara ayırın. Elma şarabını, pırasanın ½'sini ve tarçın çubuğunu bir tencereye koyun, kaynatın ve ⅔ oranında azaltarak yaklaşık 20 dakika kaynatın. Tarçın çubuğunu çıkarın.

c) Fırını 3500F'ye ısıtın. Tortillaları folyoya sarın ve önceden ısıtılmış fırında yaklaşık 10 dakika ısıtın. Elma dolgusunu ve sosunu tekrar ısıtın.

d) 2 yemek kaşığı tereyağını bir tavada eritin ve kalan pırasayı orta ateşte yumuşayana kadar karıştırarak yaklaşık 3 dakika soteleyin. Mümkün olan en düşük ateşte, sosa 1 pound soğuk tereyağını, her seferinde yaklaşık bir çorba kaşığı ekleyin ve her biri neredeyse birleştiğinden başka bir parça ekleyin.

e) Tereyağı tamamen erimemeli ancak kremalı bir sos oluşturacak şekilde yumuşamalıdır.

f) Sos çok ısınırsa ve tereyağı erimeye başlarsa ocaktan alın ve tereyağını eklemeye devam edin.

g) Her tortillaya eşit miktarda elmalı harçtan koyup yuvarlayın. Her tabağa bir burrito koyun. Üzerine Elma Şarabı Tereyağı Sosu ekleyin ve üzerine sotelenmiş pırasa serpin. İsterseniz üzerine bir parça krem şanti ekleyin.

72.Muzlu börek

Yapım: 1 Porsiyon

İÇİNDEKİLER:
- 1 6 inç un tortilla
- 1 yemek kaşığı Kremalı fıstık ezmesi
- 2 çay kaşığı Ahududu ezmesi
- 1 çay kaşığı kıyılmış Hindistan cevizi
- ½ orta boy Muz

TALİMATLAR:

a) Tortillayı düz bir yüzeye koyun; fıstık ezmesi ve ahududu ezmesiyle eşit şekilde yayın.

b) İstenirse Hindistan cevizi serpin. 2. Muzu tortillanın kenarına yerleştirin; kapatmak için yuvarlayın. Kağıt havluya gevşek bir şekilde sarın.

c) Mikrodalga Yüksek 35 saniye.

73.Meyve Kahvaltılı Burrito

Yapar: 1

İÇİNDEKİLER:
- 1 tortilla veya sarma
- 3-4 yemek kaşığı isteğe göre yoğurt
- İsteğe göre 1 yemek kaşığı bal veya agav
- Tercih edilen meyve

TALİMATLAR:
a) Meyvenizi nispeten ince soyup dilimleyerek hazırlayın.
b) Yoğurdu tortilla/sarımın üzerine kenarlara kadar uzanmamaya dikkat ederek yayın.
c) Meyveleri yoğurdun üzerine dizin. Kullanıyorsanız tatlandırıcıyı gezdirin. Topla. İkiye bölün ve hemen servis yapın / yiyin.

74.Izgara yayın balığı börek

Yapım: 1 Porsiyon

İÇİNDEKİLER:
- Yayın balığı filetosu
- Allegro'nun turşusu
- Pirinç; pişmiş
- Kara fasulye; soğan ve sarımsakla pişirilir
- Un ekmeği
- Kırmızı biber; ince doğranmış
- Taze soğan; ince doğranmış
- Parmesan veya Romano peyniri; taze rendelenmiş

TALİMATLAR:
a) Yayın balığı filetolarını marine edin ve pişene kadar ızgarada pişirin.
b) Biraz pirinç ve fasulyeyi karıştırın ve tortillanın üzerine taban olarak yayın.
c) Börekleri yayın balığı, ardından biber ve yeşil soğanla katmanlayın ve ardından bol miktarda peynir serpin.
d) Tortillayı sarın, ardından hafif yağlanmış sıcak bir tavaya kısık ateşte koyun ve üzerini örtün. 5 ila 10 dakika kadar pişirin.

75. Çıtır Tilapia Balık Burritoları

Yapım: 2 porsiyon

İÇİNDEKİLER:
- 2 yemek kaşığı mayonez
- ¼ bardak ekşi krema (bölünmüş)
- ½ orta boy limon (suları sıkılmış)
- 2 çay kaşığı acı sos
- 1 diş sarımsak (ezilmiş)
- ¼ çay kaşığı tuz

CHIMICHURRI SLAW
- 1½ su bardağı rendelenmiş lahana
- 1 orta boy avokado (küp şeklinde)
- 2 yemek kaşığı kırmızı soğan
- 2 yemek kaşığı kıyılmış kişniş
- ½ limon (sulu)
- ¼ çay kaşığı tuz
- 3 yemek kaşığı chimichurri (tarifi)

diğer bileşenler
- 2 Ekmekli Çıtır Tilapia Fileto
- 2 büyük un tortillası
- ½ su bardağı rendelenmiş kaşar peyniri

TALİMATLAR
CHIMICHURRI SOSU YAPIN
a) Chimichurri Sosunu hazırlayarak başlayın. Tarifin ½'sini yapın veya tarifin tamamını yapın ve kalan chimichurri sosunu ızgara tavuk, kuzu pirzola veya biftek üzerinde kullanın.

BAHARATLI KİREÇ KREMASINI HAZIRLAYIN
b) Ekmeğin üzerine sürmek için iki yemek kaşığı ekşi kremayı bir kenara koyun. Kalan Krema malzemelerini küçük bir kasede iyice birleşene kadar karıştırın. Sıkma şişesine aktarın ve ihtiyaç duyulana kadar buzdolabında saklayın. Gerekirse sos az miktarda su veya krema ile inceltilebilir.

CHIMICHURRI SLAW YAPIN
c) Lahanayı rendeleyin veya dilimleyin ve bir kaseye ekleyin. Üstüne kuşbaşı avokado, doğranmış soğan ve kişnişi ekleyin. Yarım limonun suyunu, tuzu ve Chimichurri sosunu ekleyin. Tatları karıştırmak için yavaşça karıştırın.

TILAPIA'YI PİŞİRİN

d) Bir fırın tepsisini folyo ile kaplayın ve yapışmaz pişirme spreyi püskürtün. Dondurulmuş filetoları tepsiye yerleştirin ve hafifçe yağ püskürtün. Paket talimatlarına göre pişirin.
e) Alternatif olarak balıkları ızgarada pişirmeyi, kızartmayı veya havada kızartmayı deneyebilirsiniz. Balığı kızartmayı tercih ederseniz, kızarttıktan sonra kağıt havlu üzerinde süzdüğünüzden emin olun.

BURRİTOLARI BİRLEŞTİRİN
f) Un tortillasını her iki taraftaki alevin üzerinde ısıtın ve hafifçe kömürleştirin. Bu sadece tortillayı tazelemekle kalmaz, aynı zamanda onu daha esnek hale getirir ve lezzetini artırır.
g) Her tortillaya bir çorba kaşığı ekşi krema ekleyin, ardından chimichurri lahana salatası, balık filetosu, rendelenmiş peynir, krema ve salsa'yı iki burrito arasına bölün.
h) Yanları dolgunun üzerine içe doğru katlayın, ardından malzemeleri tamamen kaplamak için yuvarlarken alt kısmı dolgunun üzerine katlayın.
i) Biraz Baharatlı Meksika Turşusu Havucu, Kavrulmuş Salsa ve patates kızartmasının tadını çıkarın.

76.Kayısılı burrito

Yapım: 20 Porsiyon

İÇİNDEKİLER:
- 8 ons kuru kayısı, parçalar halinde kesilmiş
- 1 su bardağı su
- ¼ c toz şeker
- ¼ c esmer şeker - paketlenmiş
- ¼ çay kaşığı tarçın
- ¼ çay kaşığı hindistan cevizi
- 20 6 inç ekmeği

TALİMATLAR:
a) İlk 6 malzemeyi kaynatın.
b) 10 dakika veya meyve yumuşayana ve karışım koyulaşana kadar kapağı açık olarak pişirin.
c) Tortillanın bir kenarına 1 yemek kaşığı karışımdan koyun. Topla.
d) Kızgın yağda bir kez çevirerek altın rengi olana kadar kızartın. Boşaltmak.
e) Sıcak veya soğuk servis yapın.

77.Bebek fasulyeli burrito

yapar: 24 porsiyon

İÇİNDEKİLER:
- 12 (6 inç) un ekmeği
- 1 Orta boy soğan; doğranmış
- 1 yemek kaşığı Bitkisel yağ
- 2 diş sarımsak; kıyılmış
- 1 adet taze jalapeno biber
- 1 kutu Meksika kızartılmış fasulyesi
- 1 bardak Vegan Monterey Jack peyniri
- ½ çay kaşığı öğütülmüş kimyon
- Ekşi krema ve salsa

TALİMATLAR:

a) Fırını 325 dereceye kadar önceden ısıtın. Tortillaları üst üste koyun ve ikiye bölün. Tortilla yığınını folyoya sarın ve 10 ila 15 dakika kadar ısınana kadar ısıtın.

b) Bu arada, büyük bir kızartma tavasında, soğanı orta-yüksek ateşte yağda yumuşayana kadar ancak kahverengileşmeden 2 ila 3 dakika pişirin. Sarımsak ve jalapeno biberlerini ekleyin ve sarımsak kokusu çıkana kadar yaklaşık 30 saniye pişirin.

c) Her tortilla yarısına yaklaşık 1-½ yemek kaşığı fasulye karışımı sürün ve jöle rulosu şeklinde yuvarlayın.

d) Servis tabağına alıp üzerine karabiber serpin. Ekşi krema ve salsa ile sıcak servis yapın.

78.Muzlu börek

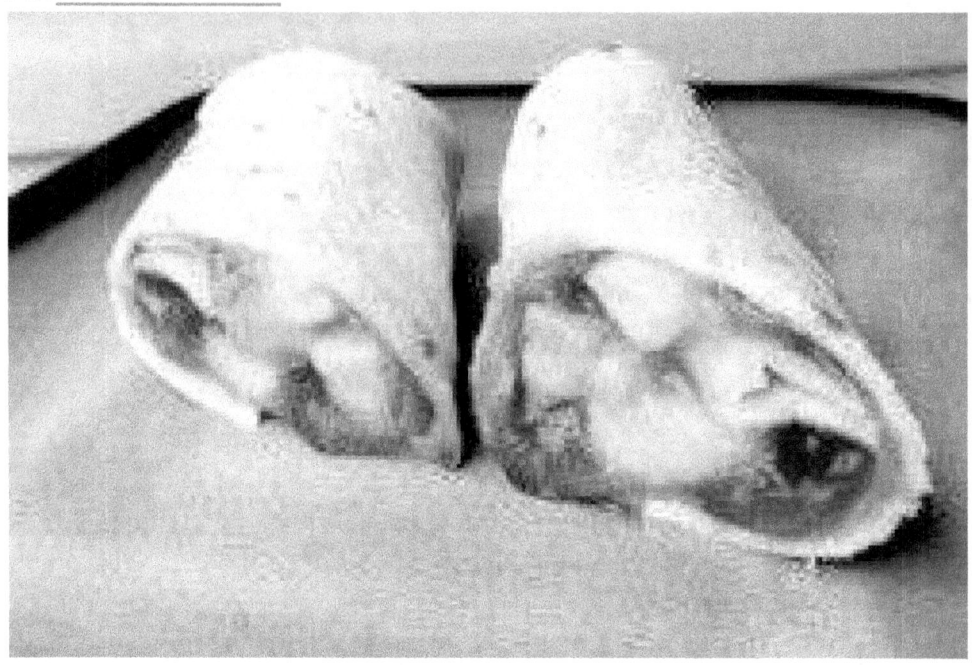

Yapım: 1 Porsiyon
İÇİNDEKİLER:
- 1 6 "un tortilla
- 1 yemek kaşığı Kremalı fıstık ezmesi
- 2 çay kaşığı Ahududu ezmesi
- 1 çay kaşığı kıyılmış Hindistan cevizi
- ½ orta boy Muz

TALİMATLAR:
a) Tortillayı düz bir yüzeye yerleştirin; fıstık ezmesi ve ahududu ezmesiyle eşit şekilde yayın. İstenirse Hindistan cevizi serpin.
b) Muzu tortilla kenarına yerleştirin; kapatmak için yuvarlayın. Kağıt havluya gevşek bir şekilde sarın.
c) Mikrodalga Yüksek 35 saniye

79.Fasulye ve pirinç burritoları

İÇİNDEKİLER:

- 1 kutu Pinto fasulyesi, 16 oz su parkı
- 1 su bardağı Kahverengi pirinç; pişmiş
- ½ bardak Soğan; dondurulmuş, doğranmış
- ½ bardak Gr. biberler; dondurulmuş, doğranmış
- ½ bardak Mısır; dondurulmuş
- Biber tozu; kısa çizgi
- Marul, doğranmış
- 1 demet Taze soğan; doğranmış
- Kimyon; kısa çizgi
- Sarımsak tozu; kısa çizgi
- Salsa, yağsız, düşük sodyum
- 10 Tortilla, tam buğday
- 1 Domates; doğranmış

TALİMATLAR:

a) Dondurulmuş soğanları ve yeşil biberleri birkaç yemek kaşığı suyla tavada soteleyin. Fasulyeleri süzüp durulayın ve bir tavaya koyun ve patates eziciyle ezin.
b) Pişmiş pirinci, mısırı, baharatları ve suyu ekleyin.
c) Tortillaları hızlıca ısıtın. Her tortillanın ortasına bir sıra fasulye karışımı yerleştirin; bir çay kaşığı salsa ve istediğiniz diğer malzemeleri ekleyin.
d) Her iki taraftan yarım inç kadar katlayın, üst kenarı içeri sokun ve bir börek şeklinde yuvarlayın.
e) İstenirse üzerine ilave salsa ekleyerek hemen servis yapın.

80.Fasulye ve TVP burritoları

Yapım: 10 Porsiyon

İÇİNDEKİLER:
- 10 (10") ekmeği
- 1 su bardağı kurutulmuş barbunya fasulyesi, ıslatılmış
- 1 Defne yaprağı
- 3 diş sarımsak, kıyılmış
- ½ fincan TVP granülleri veya pulları
- 2 çay kaşığı biber tozu
- 1 çay kaşığı kimyon
- 1 çay kaşığı Tuz
- ½ çay kaşığı Kekik
- 1 yemek kaşığı Zeytinyağı
- 1 su bardağı soğan, doğranmış

TALİMATLAR:
a) TVP, sıcak su, sıcak fasulye sıvısı, kırmızı biber tozu, kimyon, tuz ve kekiği birleştirin.
b) İyi büyüklükte bir tavada soğanı zeytinyağında yumuşayıncaya kadar soteleyin.
c) Tecrübeli TVP'yi ekleyin ve birkaç dakika daha pişirin. Haşlanmış fasulyeleri karıştırın,
d) Birleştirmek için: yüzeyde birkaç damla su dans edinceye kadar bir tavayı veya tavayı ısıtın.
e) Tortillanın yüzeyi kabarmaya ve hafifçe kahverengileşmeye başlayana kadar her tortillayı her iki taraftan da kuru olarak kızartın. Onları kalın bir havluyla sıcak tutun.
f) Hepsi ısıtıldığında, tortillanın bir tarafına yaklaşık ⅓ bardak dolum koyun ve yuvarlayın.

81.Kirazlı burrito

Yapım: 6 Porsiyon

İÇİNDEKİLER:
- 6 Un (6 inç) ekmeği
- 1 paket şekersiz vanilyalı puding karışımı
- ¾ bardak Su
- 1½ bardak Kiraz; şeker eklenmemiş
- 2 damla Kırmızı gıda boyası (en fazla 3)
- ½ çay kaşığı Badem özü
- 1 çay kaşığı Tarçın
- 1 yemek kaşığı Pudra şekeri

TALİMATLAR:
a) Fırını önceden 350 F'ye ısıtın. Orta boy bir tavada puding karışımı, su ve kirazları birleştirin
b) Orta ateşte kalınlaşana kadar pişirin. Kırmızı gıda boyasını ve badem özünü ekleyin. Birleştirmek için iyice karıştırın. Ateşten alın. Tereyağı aromalı pişirme spreyi ile büyük bir çerez kağıdına veya jöle rulo tavasına püskürtün.
c) Kiraz dolgusunu eşit şekilde bölün ve her tortillanın ortasına yerleştirin. Bir kenarı dolgunun üzerine katlayın; karşı tarafa doğru sıkıca yuvarlayın. Çerez kağıdına dikiş tarafı aşağı gelecek şekilde yerleştirin.
d) Her birinin üstüne tereyağı spreyi püskürtün. Tarçın serpin.
e) 10-12 dakika pişirin.

82.Balkabagi börek

Yapım: 3 Porsiyon

İÇİNDEKİLER:
- 1 Balkabağı; pişmiş ve püre haline getirilmiş
- 1 Kırmızı soğan; doğranmış
- 4 diş sarımsak; ince doğranmış
- 1 yemek kaşığı Şili tozu
- 1 yemek kaşığı Kekik
- 1 yemek kaşığı kimyon
- 1 çay kaşığı Tamari soya sosu
- 6 ekmeği
- 1 kutu Enchilada sosu; kırmızı veya yeşil

TALİMATLAR:
a) Fırını 350 F'ye önceden ısıtın.
b) Soğanı ve sarımsağı az yağda şeffaflaşana kadar soteleyin
c) Ezilmiş kabak ve otlar ekleyin.
d) Kısık ateşte tatlar karışıncaya kadar karıştırarak pişirin. Tadına daha fazla otlar ekleyin.
e) Tortillaları karışımla doldurun ve yuvarlayın. Şili Sosunu örtün ve 30 dakika pişirin.

83.Kişniş

Yapım: 30 Porsiyon

İÇİNDEKİLER:
- ½ pound Kuru siyah fasulye
- ½ pound Kuru barbunya fasulyesi
- Yarım kilo Kuru barbunya fasulyesi
- 30 Tortilla kabuğu
- 10 Taze soğan; kıyılmış
- ¾ pound Mantar; kıyılmış
- 2 Cubanelle biberi; kıyılmış
- ½ paket Tam buğdaylı kuskus
- Habanero bazlı acı sos
- Limon suyu
- Kırmızı biber salçası veya tabasco
- Kişniş
- 1 yemek kaşığı Habanero sosu
- 2 yemek kaşığı kırmızı biber salçası
- 1 yemek kaşığı kimyon
- 1 yemek kaşığı Limon suyu
- 1 yemek kaşığı Tereyağı

TALİMATLAR:

a) Fasulyeyi ıslatın. Habanero sosu, kırmızı biber salçası, kimyon ve limon suyunu ekleyin. Büyük bir Teflon tavaya şunları ekleyin: 1 yemek kaşığı tereyağı ekleyin Isıtın ve ardından mantarları ve küpleri burada pişirin.

b) Bir tortilla alın; 35 saniye boyunca yüksek hızda nükleer bomba atın.

c) Şimdi 2-3 tepeleme çay kaşığı fasulyeyi bir kenardan ⅓ oranında bir çizgi halinde koyun. 1 çay kaşığı kişniş, yeşil soğan, mantar ve 1 yemek kaşığı ekleyin. kuskus. Bir kez yuvarlayın, kenarları katlayın, yuvarlamayı bitirin.

84.Mısır ve pirinç burritoları

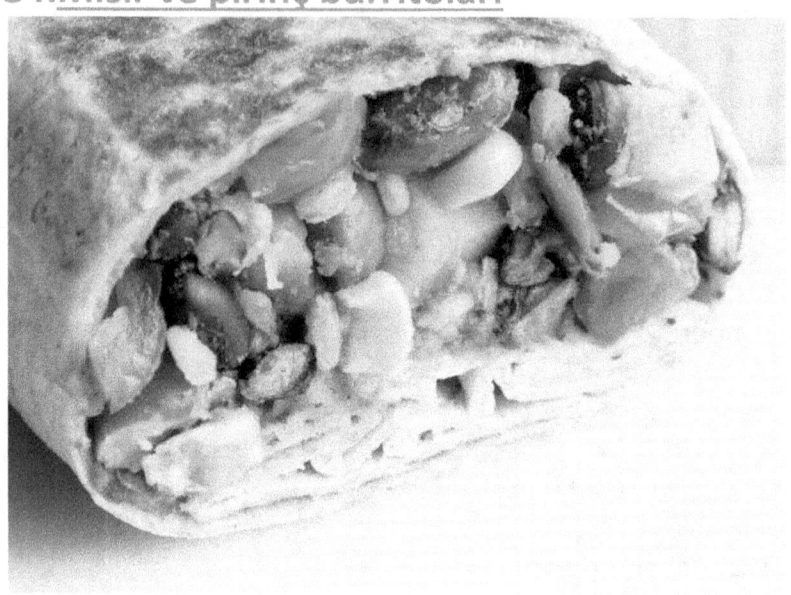

Yapım: 4 Porsiyon

İÇİNDEKİLER:
- 4 ons Pişmiş pirinç
- 16 ons Konserve siyah fasulye
- 15 ons Konserve bütün çekirdek mısır
- 4 ons doğranmış hafif yeşil biber
- ⅔ bardak Rendelenmiş Monterey Jack
- ¼ bardak doğranmış taze kişniş
- 8 Un ekmeği; (6 ila 7 inç)
- 12 ons Hafif salsa; yağsız

TALİMATLAR:
a) Fırını önceden 425 derece F'ye ısıtın. Pirinci etikette belirtildiği gibi hazırlayın.
b) Bu arada büyük kapta siyah fasulye, mısır, kırmızı biber, peynir ve kişnişi birleştirin.
c) Pirinç pişince fasulye karışımına karıştırın. Her tortillanın merkezi boyunca ½ bardak pirinç karışımını kaşıkla yuvarlayın.
d) Pirinç dolgusunun üzerine 1 yemek kaşığı salsa kaşığı dökün. Tortillanın kenarlarını dolgunun üzerine, hafifçe üst üste gelecek şekilde katlayın.
e) Yapışmaz pişirme spreyi ile 13 "x 9" cam veya seramik pişirme kabına püskürtün. Burritoları dikiş tarafı aşağı bakacak şekilde tabağa yerleştirin.
f) Kalan pirinç karışımını burritoların ortasına bir sıra kaşıkla dökün; kalan salsa ile üst pilav.

85.Fiesta fasulyeli börek

Yapım: 1 Porsiyon

İÇİNDEKİLER:
- ½ bardak vejetaryen fasulye
- 1 yemek kaşığı salsa
- 1 çay kaşığı kıyılmış kişniş, isteğe bağlı
- 1 Tam buğday tortillası

TALİMATLAR:
a) Fasulyeleri tortillanın üzerine yayın. Kalan malzemeleri üzerine serpin.
b) Mikrodalgada ılık olana kadar yaklaşık 40 saniye ısıtın
c) Tortillayı yuvarlayın ve karışımı bir börek haline getirin.

86. Dondurucu burritoları

1 porsiyon

İÇİNDEKİLER:
- 2 kutu siyah fasulye
- 2 3 su bardağı pişmiş pirinç (sizin tercihiniz)
- Favori tür)
- 1 büyük soğan
- 3 ila 4 diş sarımsak
- Kurutulmuş fesleğen, kimyon, kırmızı biber
- 1 paket Un tortillası, burrito
- 1 küçük konserve domates sosu

TALİMATLAR:
a) Soğanları ve sarımsakları en sevdiğiniz yağda soteleyin (balzamik sirke veya şeri kullanmayı seviyorum).
b) Soğan yumuşayınca baharatları ekleyin (kusura bakmayın ölçü yok, sadece güzel görüneni koyuyorum), birkaç dakika daha pişirin ve ocaktan alın.
c) Büyük bir kaseye 1 kutu fasulyenin suyunu dökün, diğer kutuyu süzün ve ardından fasulyeleri kaseye ekleyin. Bir kutu domates sosu ekleyin. Fasulyeleri çoğu püre haline gelinceye kadar ezin.
d) Pişmiş pirinç ve soğan karışımını ekleyin. İyice karıştırın. Burritoları yuvarlayın, dondurun. Bunlar iyi atıştırmalıklar, öğle veya akşam yemeği ve salata yapar ve onları kahvaltıda severim.

87.Jiffy Meksika burritoları

Yapım: 4 Porsiyon

İÇİNDEKİLER:
- 16 ons Yağsız kızartılmış fasulye
- ⅓ bardak Salsa; veya su
- 4 9 inç un ekmeği
- 1 orta boy doğranmış domates
- 4 küçük Yeşil soğan; doğranmış
- ½ Yeşil dolmalık biber; doğranmış
- 1 su bardağı Vegan mozzarella peyniri
- Kıyılmış marul
- Salsa; veya taco sosu
- Az yağlı ekşi krema; isteğe bağlı

TALİMATLAR:
a) Fasulye ve salsa veya suyu birleştirin. İyice karıştırın. Fasulye karışımının yaklaşık ⅓ fincanını her bir tortilla üzerine ince bir şekilde yayın ve 1 inçlik bir kenarlık bırakın.
b) Tortillaların üzerine domates, yeşil soğan, yeşil biber ve peynirin yarısını serpin.
c) Her tortillayı yuvarlayın ve dikiş tarafı aşağı gelecek şekilde hafifçe yağlanmış bir fırın tepsisine yerleştirin.
d) 400F fırında 10 dakika pişirin.
e) Kalan peyniri serpin; 5 dakika daha uzun süre veya ısıtılıp peynir eriyene kadar pişirin. Veya mumlu kağıtla örtün ve mikrodalgayı orta-yüksek (yüzde 70) güçte 2 ila 4 dakika veya tamamen ısıtılıncaya kadar pişirin.
f) Burritoları rendelenmiş marulun üzerinde servis edin. Salsa veya taco sosunu ve ekşi kremayı (veya yoğurdu) ayrı ayrı geçirin.

88.Matzo börek güveç

Yapım: 4 Porsiyon

İÇİNDEKİLER:
- Salsa
- Yağsız kızartılmış fasulye
- Matzo
- Kırmızı ve yeşil biber
- Yeşil biber

TALİMATLAR:
a) Fırını önceden 350'ye ısıtın. Kare bir güveç kabında, matzo'nun yapışmasını önlemek için tavanın tabanına biraz salsa yayın.
b) FF kızartılmış fasulyeleri, tabağın altını kaplayacak kadar (bir kat) yeterli matzonun üzerine yayın. Daha sonra bir kat kırmızı ve yeşil biber ve ardından yeniden kızartılmış fasulyeli bir kat matzo koydum. Bunun üzerine bir kat yeşil biber, bir matzo daha ve biraz salsa ve tofu koydum. Yaklaşık 15 dakika kadar fırında pişirin.
c) Matzolar tortilla gibi yumuşar ve bu çok iyi tasarruf sağlar.

89.Mikrodalga fasulyeli burrito

İÇİNDEKİLER:

- 2 çay kaşığı Bitkisel yağ
- 1 küçük Soğan, ince doğranmış
- 1 küçük Jalapeno biber, çekirdekleri çıkarılmış
- 1 diş sarımsak, kıyılmış
- ¼ çay kaşığı öğütülmüş kimyon
- ¼ çay kaşığı Kurutulmuş kekik
- ¼ çay kaşığı biber tozu
- 1 tutam Öğütülmüş kişniş tohumu
- 16 ons Siyah fasulye, durulanmış
- ½ Avokado, çekirdeği çıkarılmış, soyulmuş, doğranmış
- 1 Erik domates, doğranmış
- 1 Yeşil soğan, kıyılmış
- 1 yemek kaşığı kıyılmış taze kişniş
- 2 çay kaşığı Taze limon suyu
- 1 tutam rendelenmiş limon kabuğu rendesi
- 4 Un ekmeği, ısıtılmış

TALİMATLAR:

a) 9 inçlik cam pasta tabağında yağı, soğanı, jalapeno ve sarımsağı birlikte karıştırın. HICH gücünde mikrodalga 1 dakika. Kimyon, kekik, kırmızı toz biber ve öğütülmüş kişnişi ekleyip karıştırın; mikrodalga, üstü kapalı ve havalandırılmış, 1 dakika. Fasulyeyi ve suyu karıştırın; mikrodalga, üstü kapalı ve havalandırılmış, 2 dakika.

b) Avokado, domates, yeşil soğan, taze kişniş, limon suyu ve kabuğu rendesini küçük bir kasede birleştirin. Salsayı tuz ve karabiberle tatlandırın

90.Karışık sebzeli börek

İÇİNDEKİLER:

- 1 büyük patates – doğranmış
- 2 adet küçük kabak – doğranmış
- 2 adet küçük sarı kabak – doğranmış
- 10 ons Dondurulmuş mısır
- 3 Dolmalık biber
- 1 büyük domates – doğranmış
- 1 küçük kırmızı soğan – kıyılmış
- 3 yemek kaşığı Kişniş – doğranmış
- 1 bardak Ekşi krema, hafif
- 1 çay kaşığı biber tozu
- 12 ons Vegan Monterey jack peyniri
- 4 Un ekmeği
- 1 Avokado dilimleri

TALİMATLAR:

a) Suyu kapalı bir tencerede yüksek ateşte kaynatın. Patatesleri, kabakları, sarı kabakları, mısırları ve biberleri ekleyin. Tekrar kaynatın ve patatesler yumuşayıncaya kadar yaklaşık 4 dakika, kapağı açık olarak pişirin.

b) Süzüp bir kaseye çevirin. Domates, soğan, kişniş, ekşi krema, toz biber, tuz, karabiber ve peynirin yarısını ekleyin. Yavaşça fırlatın.

c) Ekmeği, parşömen kağıdıyla kaplı çerez sayfalarına tek bir katman halinde düzenleyin. Her tortillanın ortasına dolgunun ¼'ünü kaşıkla dökün.

d) Katlayın ve peynir eriyene kadar yaklaşık 15 dakika pişirin.

91. Mojo siyah fasulyeli burrito

Yapım: 1 Porsiyon

İÇİNDEKİLER:
- 2 büyük Un tortillası
- 1 su bardağı az yağlı, kızartılmış siyah fasulye
- 1 Tatlı patates
- ½ su bardağı Dondurulmuş tatlı mısır
- 4 ons Tempeh
- 4 6 yemek kaşığı taco sosu

TALİMATLAR:
a) Tatlı patatesi soyun ve küçük lokma büyüklüğünde küpler halinde kesin. Tempeh'i küçük lokma büyüklüğünde küpler halinde kesin. Tempeh ve patates küplerini yumuşayana kadar 10-15 dakika buharda pişirin.
b) Pişirmeden yaklaşık 2 dakika önce mısırı ekleyin (küçük delikli bir buharlı pişirici sepeti kullanmanız gerekecektir).
c) Bu arada fırında sıcak tortillalar. Her birine ½ siyah fasulye serpin. Tempeh, tatlı patates ve mısır bittiğinde, her bir burritoya karışımın ½'sini ekleyin ve ardından her birine ½ taco sosu ekleyin. Sıkıca rulo yapıp servis yapın.
d) Bunlar harika öğle yemekleri hazırlıyor; bunları alüminyum (teneke) folyoya sıkıca sarabilirsiniz ve gün boyu dayanırlar.

92.Neato börek

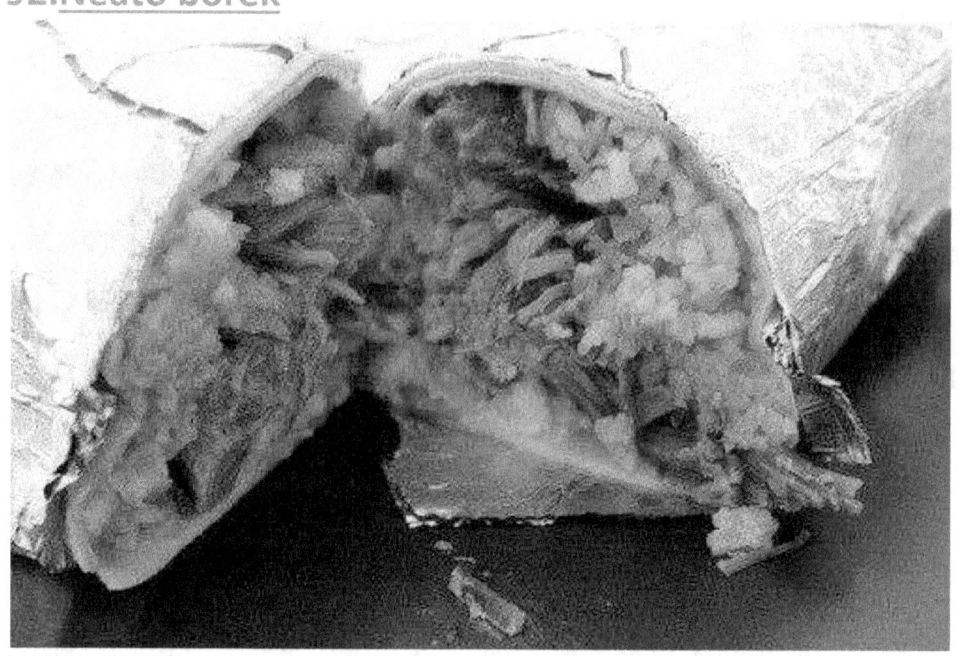

Yapım: 1 Porsiyon

İÇİNDEKİLER:
- 1 Un tortillası
- 1 Büyük parça Yağsız Kızartılmış Fasulye
- 1 dilim Yağsız Vegan Kaşar
- Marul; Üzeri için domates, soğan vb.
- Favori acı sos

TALİMATLAR:
a) Bir unlu tortilla alın ve üzerine büyük bir parça Zesty No Fat Refries koyun. Yağsız kaşardan bir dilim koparıp üzerine koyun.
b) Mikrodalgada 2 dakika ısıtın
c) En sevdiğiniz çiğ malzemeleri (marul, domates, soğan vb.) ve en sevdiğiniz acı sosu ekleyin.

93.Pepita sebzeli burrito

İÇİNDEKİLER:
- 1 Kabak çekirdeği sosu
- 1 su bardağı kıyılmış brokoli
- 1 Orta soğan, ince doğranmış
- 2 diş sarımsak, ince doğranmış
- 2 yemek kaşığı Yağ
- 1 bardak 2x1/4 inçlik şeritler sarı kabak
- 1 bardak 2x1/4 inç şeritler halinde kabak
- ½ su bardağı ince kıyılmış kırmızı dolmalık biber
- ¼ bardak kabuklu kabak çekirdeği, kızartılmış
- 1 yemek kaşığı Limon suyu
- 1 çay kaşığı Öğütülmüş kırmızı biber
- ¼ çay kaşığı Tuz
- ¼ çay kaşığı öğütülmüş kimyon
- 6 Un ekmeği

TALİMATLAR:

a) Kabak Çekirdeği Sosunu hazırlayın. Brokoliyi, soğanı ve sarımsağı 10 inçlik tavada yağda, sık sık karıştırarak yumuşayana kadar pişirin. Tortilla hariç kalan malzemeleri karıştırın. Kabak yumuşayana kadar ara sıra karıştırarak yaklaşık 2 dakika pişirin.

b) Sıcak tutun. Her tortillanın ortasına yaklaşık ½ bardak sebze karışımını kaşıkla dökün. Tortillanın bir ucunu karışımın üzerine yaklaşık 1 inç kadar katlayın. Sağ ve sol tarafları katlanmış ucun üzerine üst üste gelecek şekilde katlayın. Kalan ucu aşağı doğru katlayın. Kabak Çekirdeği Sosu ile servis yapın.

94.Yabani mantarlı burrito

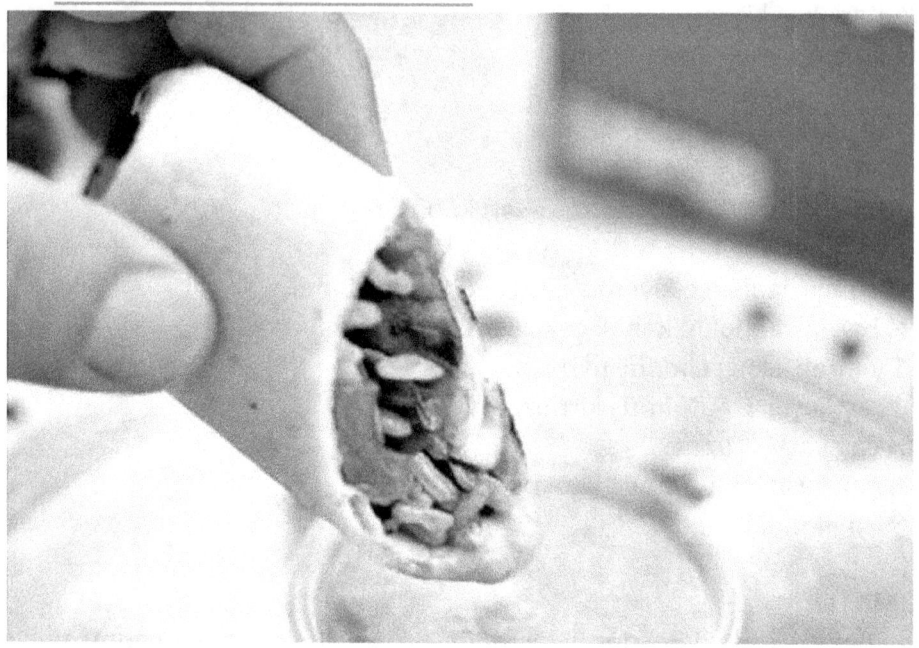

İÇİNDEKİLER:
- 1 yemek kaşığı Kanola yağı
- 4 ons Taze shiitake mantarları;
- 4 ons İstiridye mantarı; dilimlenmiş
- 4 ons Düğme mantarları; dilimlenmiş
- 1 Kırmızı dolmalık biber; tohumlanmış ve doğranmış
- 2 büyük diş sarımsak; kıyılmış
- 1 kutu (15 oz) siyah fasulye; süzülmüş
- 1 kutu (14 oz) mısır taneleri; süzülmüş
- 4 Bütün taze soğan; kesilmiş ve doğranmış
- 1 çay kaşığı öğütülmüş kimyon
- 1 Acı biber; doğranmış
- 1 çay kaşığı Meksika kekiği
- 6 10 inçlik un ekmeği
- ¾ bardak Vegan Monterey Jack peyniri
- 1 su bardağı Domates salsa; veya en sevdiğin

TALİMATLAR:
a) Yağı orta ateşte ısıtın. Mantarları, biberleri ve sarımsağı ekleyin ve yumuşayana kadar yaklaşık 7 dakika karıştırarak pişirin.

b) Fasulyeyi, mısırı, yeşil soğanı, kimyonu, acı biberi veya toz biberi ve Meksika kekiğini karıştırın ve karıştırarak 4 ila 6 dakika pişirin.

c) Un tortillalarını ısıtın ve mantar karışımını her tortillanın ortasına kaşıkla dökün.

95.Vejetaryen burrito grande

İÇİNDEKİLER:

- ⅓ su bardağı zeytinyağı
- Her biri 3 diş sarımsak, kıyılmış
- 1 yemek kaşığı kişniş, doğranmış
- ½ çay kaşığı kimyon
- ¼ çay kaşığı kırmızı şili gevreği, ezilmiş
- ¼ çay kaşığı Kekik
- 1 adet Kırmızı dolmalık biber
- 1 adet Yeşil biber
- 1 adet Sarı dolmalık biber
- 1 adet Anaheim biberi
- 3 orta boy Sarı kabak
- 1 büyük kırmızı soğan, dilimlenmiş
- Her biri 6 adet Un tortillası
- 3 su bardağı siyah fasulye, pişmiş
- ¼ bardak kişniş, doğranmış

TALİMATLAR:
DOLGU:
a) Biberleri, dolmalık biberi ve şiliyi kabakla birlikte uzunlamasına ikiye bölün.
b) Biberlerin tohumlarını çıkarın.
c) Bir hamur fırçası kullanarak üzerlerine teyel yağı sürün. Bir piliç altında veya hazırlanmış bir ızgarada ızgara yapın.
d) Her iki tarafta yaklaşık 5 dakika, yumuşayana kadar teyelleyin ve çevirin.
e) Ateşten alın ve elle tutulabilecek kadar soğuyunca doğrayın.

MONTAJLAMA:
f) Fasulyeleri tortillanın ortasından biraz uzakta olacak şekilde kaşıklayın ve üzerine ızgara sebzeler ve kişniş ekleyin. Katla ve ye.

96.Siyah Fasulyeli Burrito

Yapım: 6

İÇİNDEKİLER:
- 1 1/2 bardak siyah fasulye süzülmüş ve durulanmış
- 14 oz pişmiş kavrulmuş doğranmış domates, süzülmüş
- 1 su bardağı kurutulmuş kinoa
- 1 çay kaşığı chipotle tozu
- 1 çay kaşığı biber tozu
- 1 çay kaşığı sarımsak tozu
- 4 yemek kaşığı sebze suyu
- 1 yeşil dolmalık biber, çekirdeği çıkarılmış ve doğranmış
- 4 ons doğranmış yeşil biber, süzülmüş
- 1/2 büyük soğan, doğranmış
- 1 yemek kaşığı kimyon
- 1 su bardağı mısır, süzülmüş
- 2 su bardağı kıyılmış marul
- 1/4 bardak kişniş, gevşek paketlenmiş
- 6 büyük glutensiz un ekmeği
- 1/2 çay kaşığı tuz
- Guacamole

TALİMATLAR:
a) Tahılları talimatlara göre pişirin ve bir kenara koyun.
b) Bir tencerede veya tavada suyu orta ateşte ısıtın.
c) Bir tencerede veya tavada suyu orta ateşte ısıtın.
d) Soğanı ve dolmalık biberi 5 dakika soteleyin.
e) Domatesleri, yeşil biberleri veya jalapeno biberini, kimyonu, kırmızı biber tozunu, sarımsak tozunu ve tuzu ekleyin.
f) Sık sık karıştırarak 4 ila 5 dakika daha pişirin.
g) Siyah fasulye ve mısır ısınana kadar birkaç dakika pişirin. Salantroyu ekleyin ve iyice karıştırın.
h) Tortilla sargısını ortada düz bir yüzeye, her iki uçta birkaç inç kalacak şekilde yerleştirin ve ½ fincan siyah fasulye karışımı, kıyılmış marul, guacamole ve ½ fincan pirinçle kaplayın.
i) Kanatları aşağıda tutarken uçların her birini merkeze doğru katlayın, ardından size en yakın olan kenarları yukarı ve aşağı doğru yuvarlayın.
j) Seçtiğiniz baharatlarla servis yapın.

97.Tofu börek

İÇİNDEKİLER:
- 1 12 onsluk paket sert veya ekstra sert tofu.
- 1 çay kaşığı yağ (veya 1 yemek kaşığı (15 ml) su).
- 3 diş sarımsak (kıyılmış).
- 1 yemek kaşığı humus (mağazadan satın alınan veya DIY).
- ½ çay kaşığı biber tozu.
- ½ çay kaşığı kimyon.
- 1 çay kaşığı diyet mayası.
- ¼ çay kaşığı deniz tuzu.
- 1 tutam acı biber.
- ¼ bardak kıyılmış maydanoz.
- Sebzeler:

TALİMATLAR:
a) Fırını önceden 400° F'ye (204° C) ısıtın ve fırın tepsisini parşömen kağıdıyla kaplayın.

b) Fırın tepsisine patatesleri ve kırmızı biberi ekleyin, üzerine yağ (veya su) ve baharatları gezdirin ve karıştırın. 15-22 dakika veya çatal yumuşayana ve biraz kızarana kadar pişirin. Son 5 dakikada lahanayı ekleyin.

c) Bu arada büyük bir tavayı orta ateşte ısıtın. Sıcak olur olmaz, yağı (veya suyu), sarımsağı ve tofuyu ekleyin ve sık sık karıştırarak hafif kahverengi olana kadar 7-10 dakika soteleyin.

d) Bu arada küçük bir karıştırma kabına humus, toz biber, kimyon, besin mayası, tuz ve kırmızı biberi (isteğe bağlı) ekleyin. Akabilir bir sos oluşuncaya kadar su eklemeye devam edin. Baharat karışımını tofuya ekleyin ve orta ateşte hafifçe kızarıncaya kadar (3-5 dakika) pişirmeye devam edin.

e) Kavrulmuş sebzelerin cömert kısımlarını, çırpılmış tofu, avokado, kişniş ve biraz salsa ekleyin. Tüm garnitürler bitene kadar devam edin - yaklaşık 3-4 büyük burrito.

98.Çıtır sebzeli burrito banditos

Yapım: 1 Porsiyon

İÇİNDEKİLER:
- ½ su bardağı rendelenmiş havuç
- ½ su bardağı kıyılmış brokoli
- ½ su bardağı kıyılmış karnabahar
- 2 Yeşil soğan, ince dilimlenmiş
- 4 ons Rendelenmiş az yağlı Çedar peyniri
- ¼ fincan yağsız çiftlik salatası sosu
- ½ çay kaşığı biber tozu
- 4 Un; (7 inç) ekmeği
- 1 su bardağı yırtılmış buzdağı marul; ısırık büyüklüğünde parçalar

TALİMATLAR:
a) Bir karıştırma kabında havuç, brokoli, karnabahar ve soğanı peynir, sos ve kırmızı biber tozuyla birleştirin.
b) Tortillaları tezgahın üzerine düz bir şekilde koyun ve ortasına yaklaşık ½ fincan sebze karışımı ve ¼ fincan marul kaşıklayın.
c) Her tortillayı sebze karışımının etrafına sarın.

99.Sebze salatası burritoları

Yapım: 4 Porsiyon

İÇİNDEKİLER:
- 1 büyük olgun domates; 1/2 inçlik zarlara kesin
- 1 küçük soyulmuş çekirdekli salatalık; 1/2 inçlik zarlara kesin
- 1 küçük Avokado; 1/2 inçlik zarlara kesin
- 1 Serrano şili; tohumlanmış ve kıyılmış
- 2 yemek kaşığı iri kıyılmış kişniş
- 2 yemek kaşığı Taze sıkılmış limon suyu
- 1 yemek kaşığı vegan mayonez
- Tuz ve taze çekilmiş karabiber
- 4 Altı inçlik un ekmeği

TALİMATLAR:
a) Orta boy bir kapta domates, salatalık, avokado, şili, kişniş, limon suyu ve mayonezi birleştirin. Tuz ve karabiberle tatlandırın.
b) Karışımı dört ekmeğin arasına bölün; yuvarlan. Her tortillayı ikiye bölün.
c) Şili'de Ovulmuş Somon ve Siyah Fasulye ve Mısır ile servis yapın.

100.Baharatlı Biberli Burritolar

Yapım: 3 Büyük tortilla

İÇİNDEKİLER:
- 300 gr biber soslu fasulye
- 150 gr Seitan veya Tofu
- 1 Kırmızı soğan
- 2 adet kırmızı acı biber
- 2 yemek kaşığı Ekşi krema
- Birkaç damla acı sos
- Dash balzamik sirke
- Tuz ve biber
- Garnitür olarak kurutulmuş maydanoz
- Sıvı yağ veya tereyağı (isteğe bağlı)

TALİMATLAR
a) Seitan'ı (önerilen) veya tofuyu küpler halinde kesin. Soğanı ve biberi küçük küçük doğrayın. İsteğe bağlı olarak fasulyeleri mikrodalgada ısıtın, ancak bu gerekli değildir.
b) Tavayı bir miktar balzamik sirke, yağ veya tereyağıyla kaplayın. Seitan küplerini içine koyup yumuşayana kadar pişirin. Sebzelere gelince, ben taze olanı tercih ediyorum ama siz tabi ki soteleyerek de biraz yumuşatabilirsiniz.
c) Dolguyu yapmak için seitan küplerini fasulye, soğan ve kırmızı biberle karıştırın. Tatlandırmak için tuz ve karabiber, biraz maydanoz ve acı sos ekleyin.
d) Tortillanın ortasına dolguyu koyun. Bir tarafını malzemelerin üstüne ve altına sokun, yanlarını içeri sokun ve börek şekline getirin.
e) Burritoları her iki tarafı da altın rengi kahverengi olana kadar kızartın. Özellikle tavanız küçükse tek tek yapmanızı öneririm. İsterseniz biraz daha çıtır ve daha lezzetli hale getirmek için tavaya biraz yağ veya tereyağı ekleyebilirsiniz.
f) Ekşi krema ve kurutulmuş maydanozla süsleyin. Afiyet olsun!

ÇÖZÜM

"Gurme Sarma Sanatı" yolculuğumuz sona yaklaşırken, sarma kreasyonlarının keyifli dünyasından keyif aldığınızı ve sarma oyununuzu yeni boyutlara taşıdığınızı umuyoruz. Gurme dürüm yapma sanatı, sonsuz olasılıklarla dolu bir yolculuktur ve hem damağı hem de ruhu tatmin eden dürüm yapma becerilerinde ustalaştınız.

Sarmalarla ilgili araştırmalarınıza devam etmenizi, yeni malzemeler denemenizi ve mutfak kreasyonlarınızı arkadaşlarınız ve ailenizle paylaşmanızı teşvik ediyoruz. Yaptığınız her sarma, yaratıcılığınızı ifade etmek ve lezzetli ve unutulmaz bir yemek deneyimi sunmak için bir fırsattır.

Bu mutfak macerasında bize katıldığınız için teşekkür ederiz. Kazandığınız bilgi ve becerilerin gurme ambalajlara olan tutkunuza ilham vermeye devam edeceğine inanıyoruz. Bu nedenle, kendi mutfağınızda sarma sanatının tadını çıkarmaya ve tadını çıkarmaya devam edin. Mutlu paketleme!

www.ingramcontent.com/pod-product-compliance
Lightning Source LLC
Chambersburg PA
CBHW071321110526
44591CB00010B/980